Einstern

Mathematik für Grundschulkinder

2

Arbeitsheft

Erarbeitet von
Roland Bauer
Jutta Maurach

In Zusammenarbeit
mit der
Cornelsen Redaktion
Grundschule

Cornelsen

Inhaltsverzeichnis

Einstern hilft dir:

Zahldarstellungen zuordnen

1 Verbinde passend.

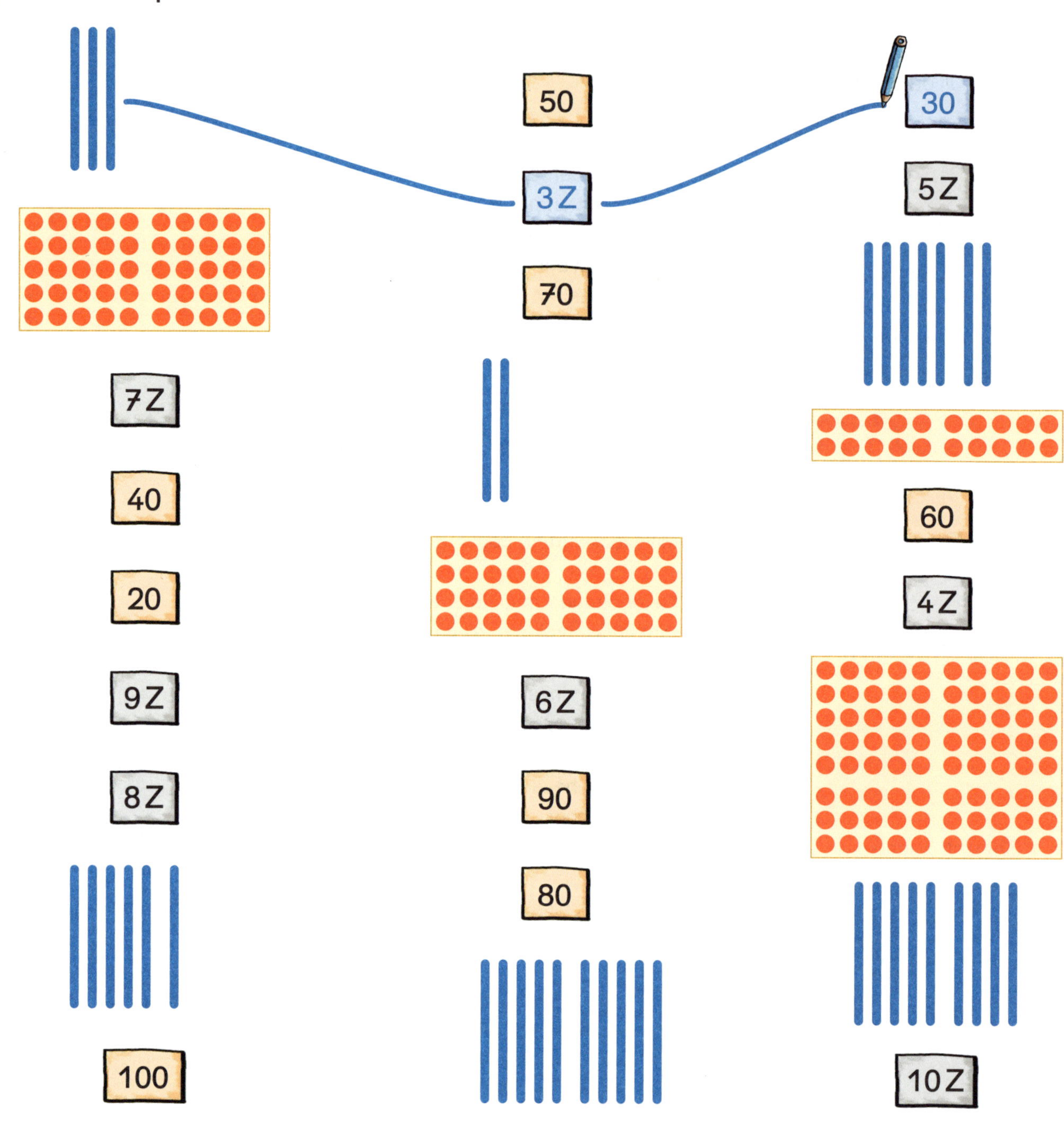

2 Verbinde passend.

Z	E
2	0

Z	E
5	0

Z	E
3	0

Z	E
7	0

Z	E
4	0

Z	E
8	0

Z	E
6	0

50 zwanzig 40 dreißig sechzig 70 80

Rechnen mit Zehnerzahlen

1 Löse die Aufgaben.
Male die Felder in der zur Ergebniszahl passenden Farbe aus.

10 gelb · 20 rot · 30 rosa · 40 grün · 50 blau · 100 braun

10 + 40 · 40 + 10 · 100 − 50 · 20 + 30
30 + 20 · 50 − 40 · 30 + 70 · 20 + 20 · 50 − 10
0 + 10 · 90 + 10 · 0 + 50 · 80 − 40 · 30 + 10
50 + 0 · 50 + 50 · 80 + 20 · 40 + 60 · 100 − 0 · 80 − 30 · 90 − 40 · 100 − 50 · 10 + 40
10 + 10 · 50 − 30 · 50 + 0 · 70 + 30 · 20 + 80
30 + 20 · 60 − 10 · 70 − 20 · 60 + 40 · 0 + 100
50 − 0 · 40 + 10 · 90 − 40 · 30 − 20
100 − 80 · 10 − 0 · 20 + 30 · 20 + 10 · 40 − 20
80 − 50 · 70 − 50 · 90 − 80 · 100 − 70 · 20 + 0
0 + 30 · 60 − 40 · 60 − 30 · 0 + 50
10 + 90 · 60 − 10 · 10 + 40
50 − 0 · 70 − 60 · 100 − 90
10 + 20 · 50 − 20 · 80 − 70 · 80 − 30 · 10 + 0
80 − 30 · 40 + 10 · 40 − 30 · 60 − 50
100 − 50 · 70 − 20
30 + 20 · 100 − 60 · 10 + 30
20 + 30 · 90 − 70 · 70 − 20 · 50 + 0
40 + 0 · 20 − 10 · 40 − 0 · 60 − 20 · 90 − 50 · 100 + 0 · 50 − 10
70 − 30 · 80 − 40 · 0 + 40

Anzahlen schätzen und ermitteln

1 Schätze zunächst die Anzahl.
Zähle anschließend. Erstelle dazu eine Strichliste.

a) 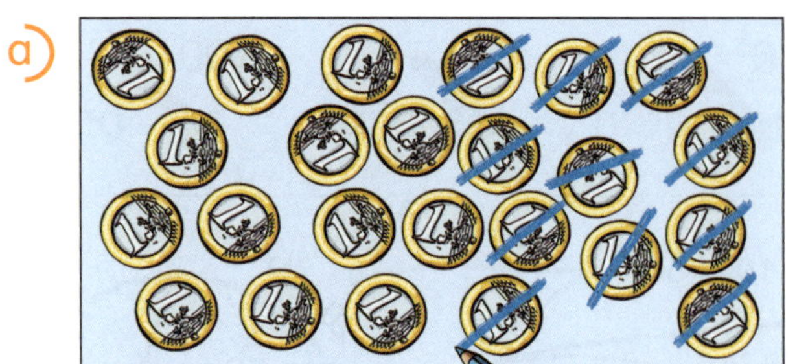

geschätzt: ☐ Euro

gezählt: 

Z	E

Es sind ☐ Euro.

b) 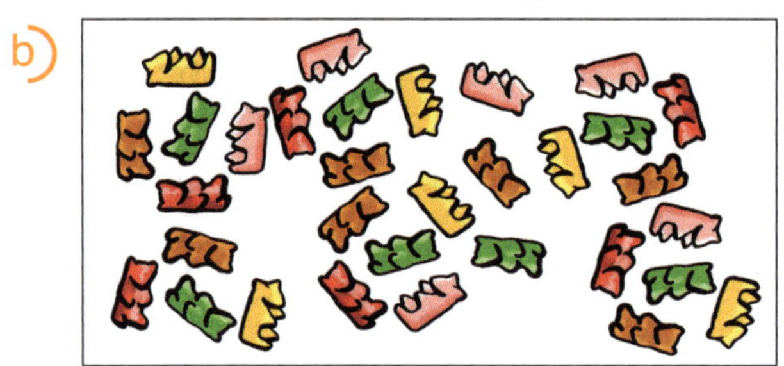

geschätzt: ☐ Gummibärchen

gezählt: ____

Z	E

Es sind ☐ Gummibärchen.

c) 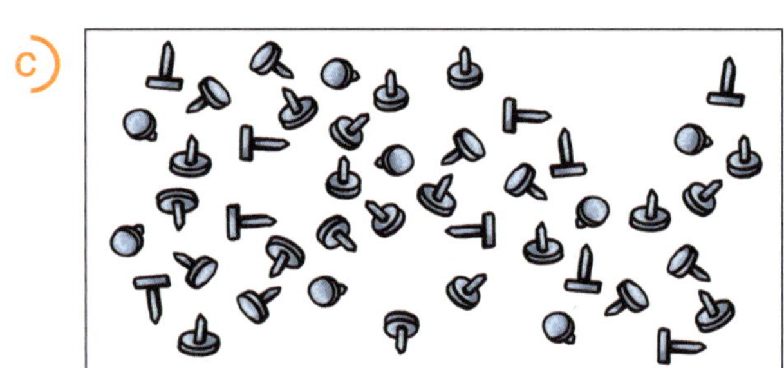

geschätzt: ☐ Nägel

gezählt: ____

Z	E

Es sind ☐ Nägel.

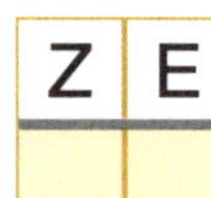

2 Zähle die Perlen geschickt. Fasse dabei immer 10 zusammen.

a) 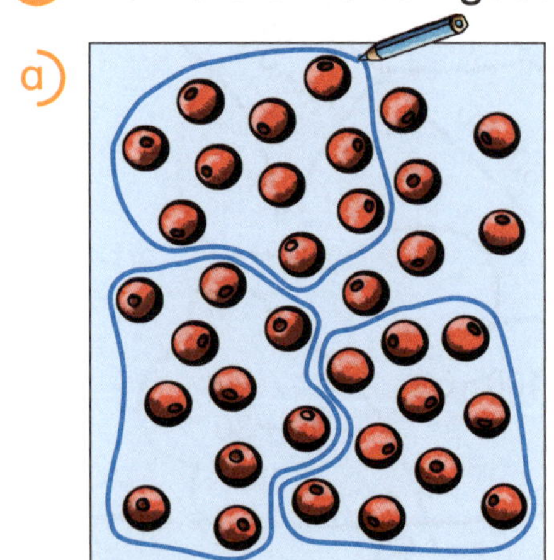

Z	E

Es sind ☐ Perlen.

b) 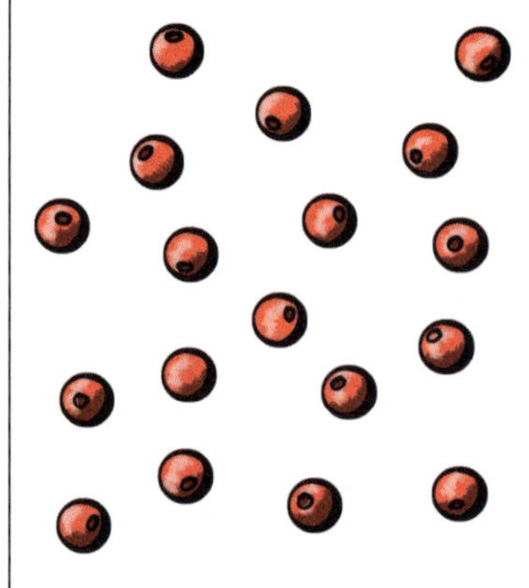

Z	E

Es sind ☐ Perlen.

c)

Z	E

Es sind ☐ Perlen.

Fehlende Zahlen in der Hundertertafel ergänzen

1 Trage die fehlenden Zahlen ein.

a)

1	2	3	4	5	6		8	9	10
	12		14	15		17	18		20
	22			25		27		29	
31		33		35	36			39	40
41	42			45		47			50
		53			56		58		60
61			64			67		69	
	72			75			78		
81			84		86		88		90
	92			95			98		

b)

		6	
14			
	25		
			37
	45		
		56	
64			
		86	
		96	

c)

		9
27	28	

d)

e)

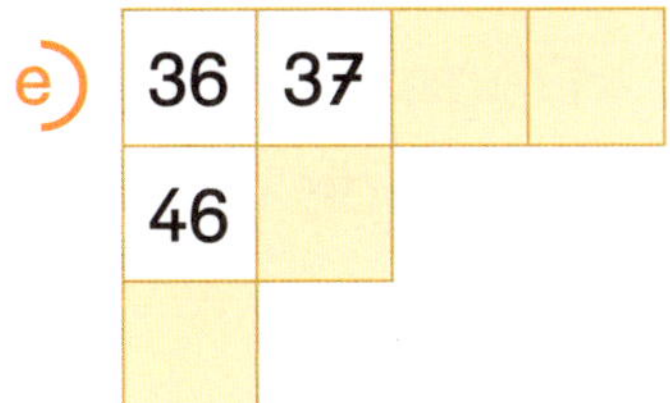

f)

g)

h)

i)

k)

Zahlen und Wege in der Hundertertafel finden

1 Trage folgende Zahlen ein und male sie aus:
5, 72, 68, 56, 65, 16, 42, 54, 64, 62, 14, 7, 17, 23, 52, 27, 32, 55, 66, 82, 83, 84, 85, 78, 58, 86, 87, 38, 48, 88

1	2			5					
		13							
									30
41									
								59	
						67			
71									
									90

Es entsteht ein

____________________________.

2 Finde die Wege in der Hundertertafel.
Trage die Zahl ein, bei der du ankommst.
Stelle dir die Wege auch im Kopf vor.

Die Pfeile beschreiben Wege auf der Hundertertafel. Jeder Pfeil bedeutet: ein Kästchen weitergehen.

1	2	3	4	5	6	7	8	9	10
11	12	13	14	15	16	17	18	19	20
21	22	23	24	25	26	27	28	29	30
31	32	33	34	35	36	37	38	39	40
41	42	43	44	45	46	47	48	49	50
51	52	53	54	55	56	57	58	59	60
61	62	63	64	65	66	67	68	69	70
71	72	73	74	75	76	77	78	79	80
81	82	83	84	85	86	87	88	89	90
91	92	93	94	95	96	97	98	99	100

a) 27 → → ↓ ↓ ↓ → **60**

b) 84 ↑ ↑ ↑ ↑ → → ___

c) 65 → → ↑ ↑ ↑ ↑ ↑ → ___

d) 78 ↑ ↑ ↑ ← ← ← ___

e) 98 ↑ ↑ → → ↑ ↑ ___

f) 56 ← ← ← ↑ ↑ ← ↑ ___

g) 11 ↓ ↓ → → ↑ ↑ ← ← ___

h) 53 ← ← ↑ ↑ → → ___

Zahlen am Zahlenstrahl eintragen

1 Trage die Zahlen mit einem Pfeil am Zahlenstrahl ein.

a) 36, 45, 54, 87, 63, 78, 22

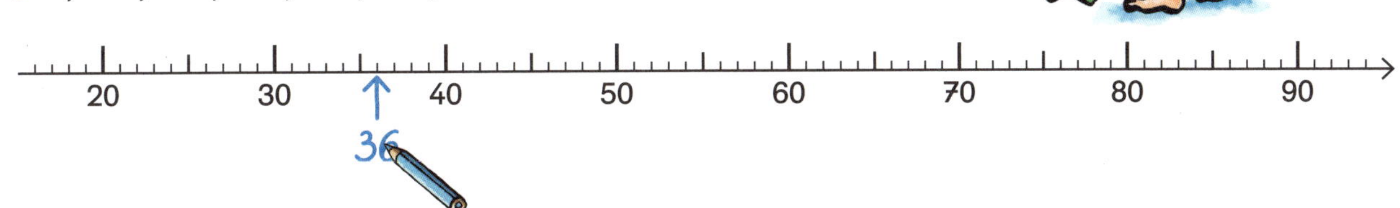

b) 82, 94, 43, 57, 75, 36, 64

c) 51, 67, 73, 16, 44, 36, 28

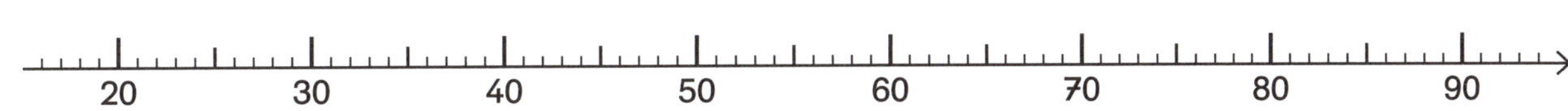

d) 24, 87, 42, 78, 33, 54, 69

e) 38, 71, 92, 29, 47, 55, 83

f) 66, 27, 74, 18, 39, 52, 86

1 Trage die fehlenden Zahlen ein.

a)	26	27			30				34	
b)	49				53					58
c)				65						71
d)	88						94			
e)	35					40				
f)		80						86		

2 Setze die Zeichen < oder > passend ein.

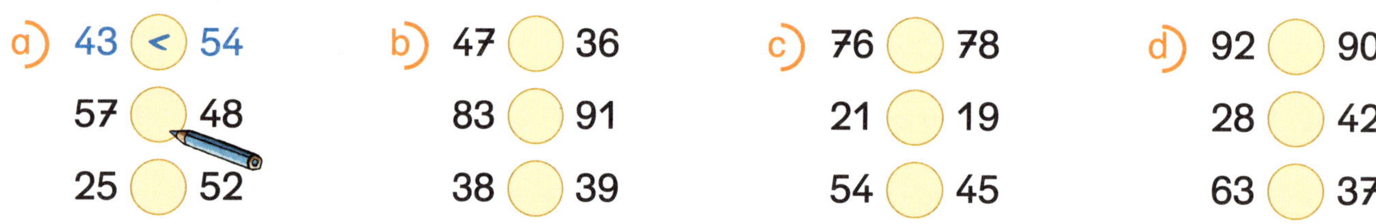

a) 43 < 54
57 ◯ 48
25 ◯ 52

b) 47 ◯ 36
83 ◯ 91
38 ◯ 39

c) 76 ◯ 78
21 ◯ 19
54 ◯ 45

d) 92 ◯ 90
28 ◯ 42
63 ◯ 37

3 Ordne die Zahlen. Die Buchstaben ergeben ein Lösungswort.

Beginne mit der kleinsten Zahl.

a)

56	45	74	49	58	75	64
R	G	F	I	A	E	F

45						
G						

b)

15	22	20	18	24	25	17
E	A	F	E	N	T	L

Beginne mit der größten Zahl.

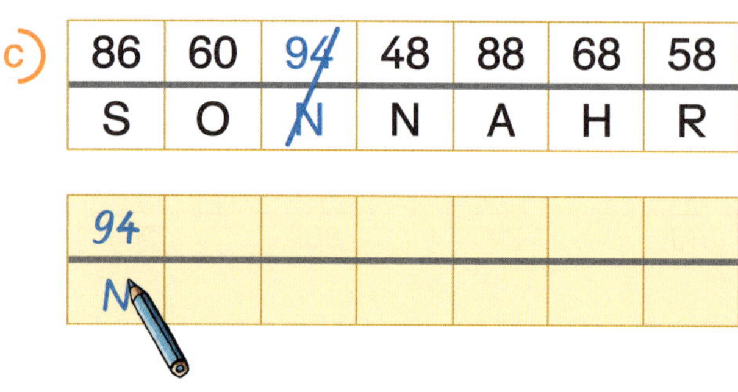

c)

86	60	94	48	88	68	58
S	O	N	N	A	H	R

94						
N						

d)

67	77	75	65	73	64	63
G	K	Ä	U	N	R	U

Einem Bild Informationen entnehmen

1 Kreuze an.

Aussage	stimmt	stimmt nicht	kann ich nicht wissen
Vor dem Eisstand stehen 3 Kinder.	X		
Lisa isst am liebsten Erdbeereis.			
Tim muss 1 € bezahlen.			
Am Samstag öffnet das Freibad um 8 Uhr.			
Lisa bleibt 4 Stunden im Freibad.			
Im Nichtschwimmerbecken sind 5 Kinder.			
Im Nichtschwimmerbecken sind nur Nichtschwimmer.			
Am Beckenrand sitzen 2 Kinder.			
Der Bademeister trägt eine rote Hose.			
Tim feiert seinen Geburtstag.			

Einem Text Informationen entnehmen

Tim stellt seine Klasse vor. Er berichtet.

Meine Klasse

Ich gehe in die Klasse 2a. Wir sind 13 Mädchen und 14 Jungen. Zusammen sind wir 27 Kinder. Unsere Lehrerin heißt Frau Müller. Jeden Vormittag haben wir 2 Pausen. In der 1. Pause essen wir. In der 2. Pause spielen wir auf dem Schulhof. Die Schulhofpause dauert 20 Minuten. Das Lieblingsfach der meisten Kinder ist Sport. Mir gefallen die Kopfrechenspiele in Mathematik. Im Klassenzimmer sitzen immer 4 Kinder an einem Gruppentisch. Mein Tischnachbar heißt Paul. Gegenüber von uns sitzen 2 Mädchen. Die beiden holen für die Lehrerin jede Woche 10 Bücher aus der Bücherei.

1 Ergänze die Aussagen. Unterstreiche im Text die Sätze, in denen du die Informationen findest. Verwende ein Lineal.

a) In Tims Klasse sind 27 Kinder.

b) Immer ☐ Kinder sitzen an einem Gruppentisch zusammen.

c) In der ☐ Pause spielen die Kinder auf dem Schulhof.

d) In der Klasse 2a sind ☐ Jungen.

e) Zwei Mädchen holen jede Woche ☐ Bücher aus der Bücherei.

f) Die Schulhofpause dauert ☐ Minuten.

g) Gegenüber von Tim sitzen ☐ Mädchen.

h) Jeden Vormittag haben die Kinder ☐ Pausen.

i) Tims Tischnachbar heißt ______________.

Muster fortsetzen

1 Setze die Muster fort.

a) Flächenmuster

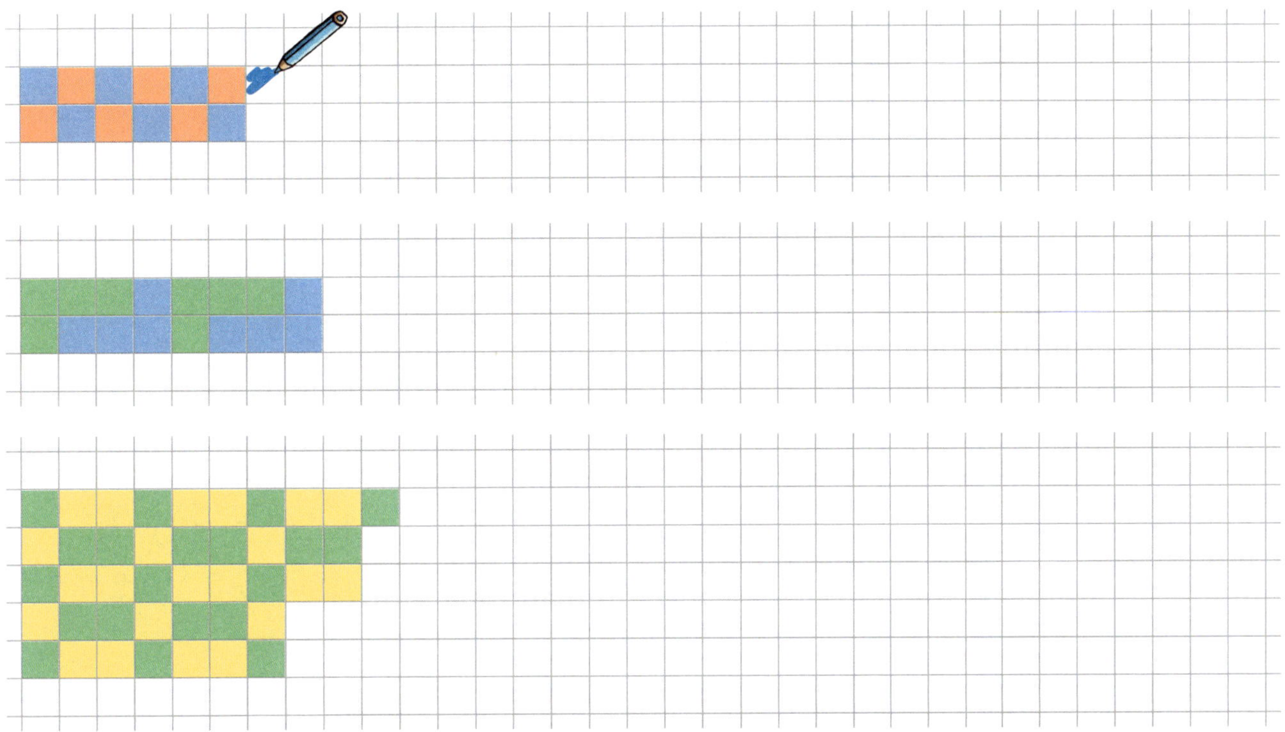

b) Strichmuster

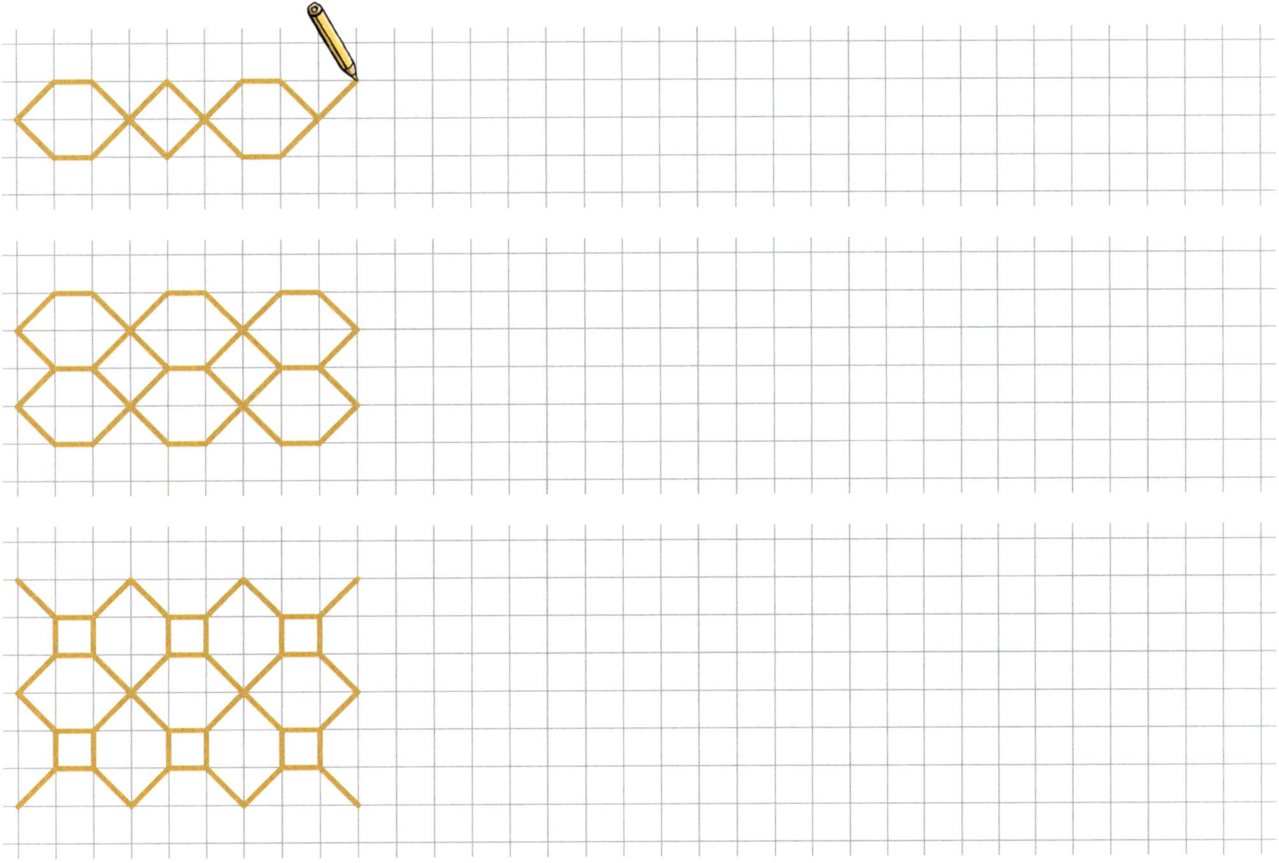

Symmetrische Figuren ergänzen

1 Ergänze das Spiegelbild.

a) 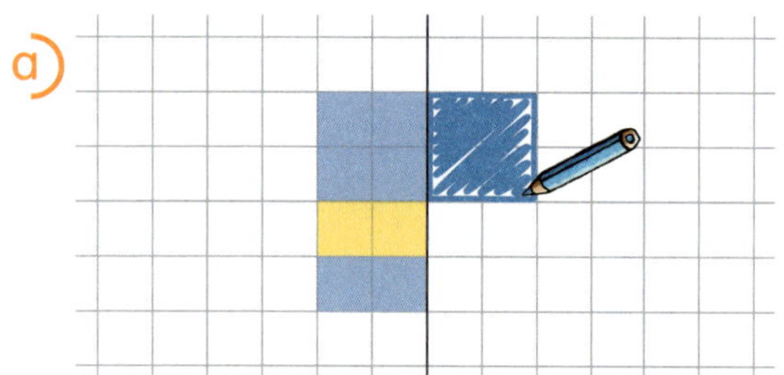 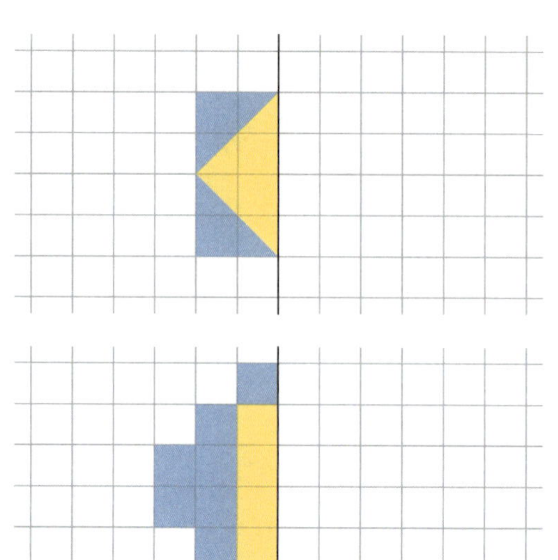

b) 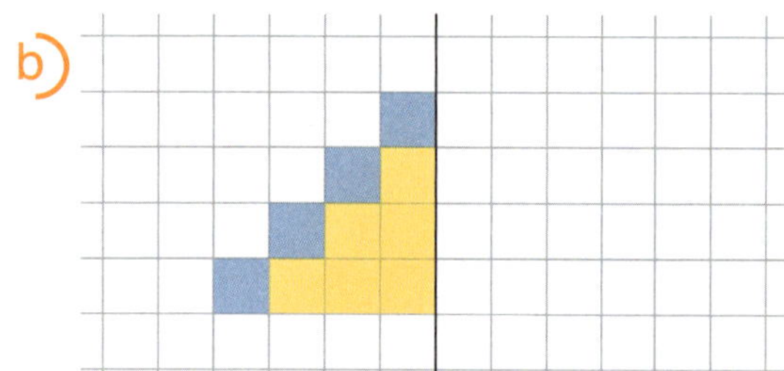

c) 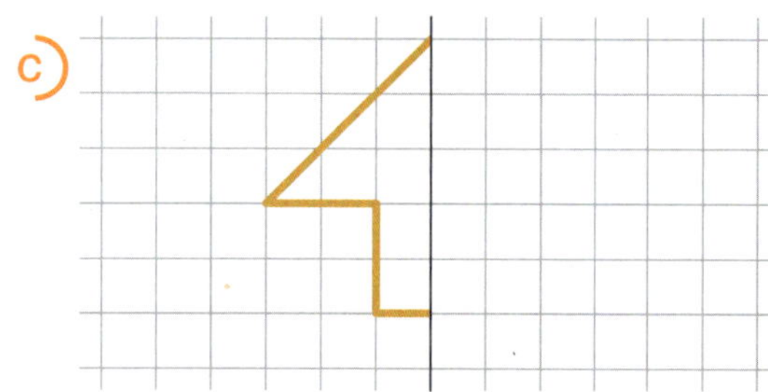 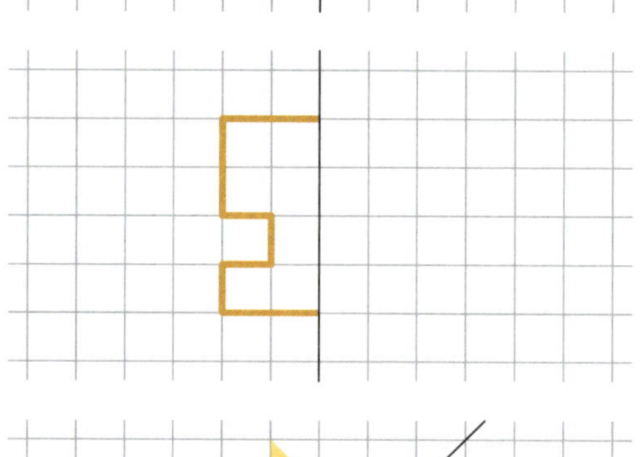

d) 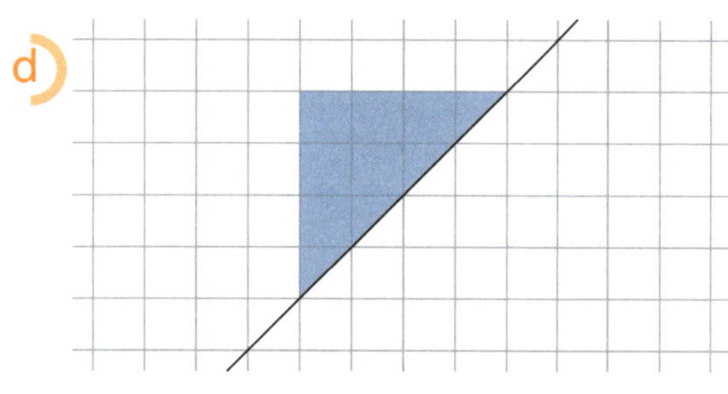

e) 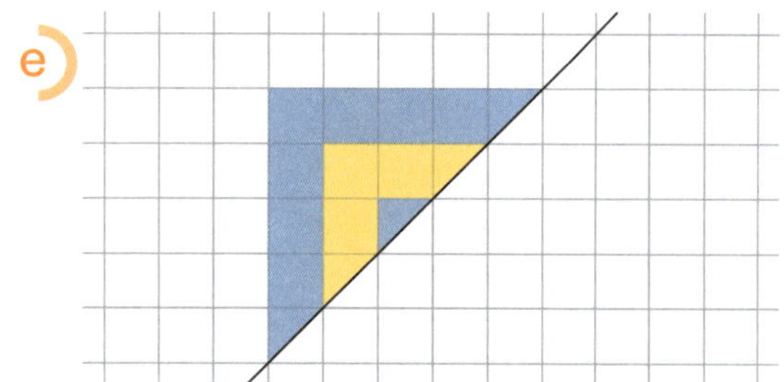 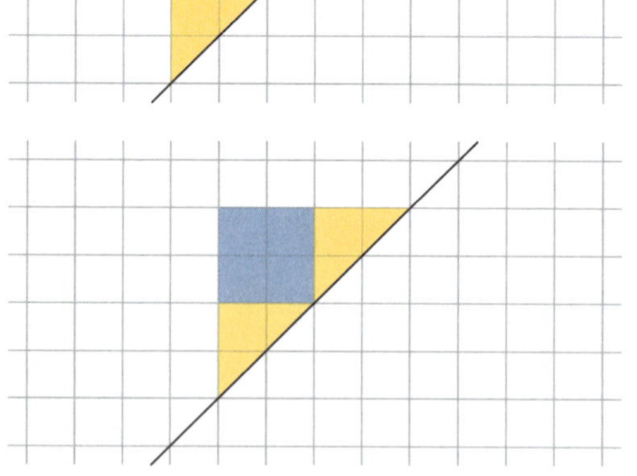

f) 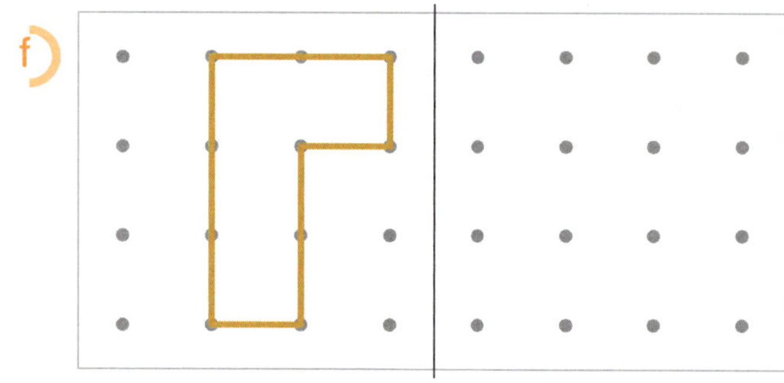 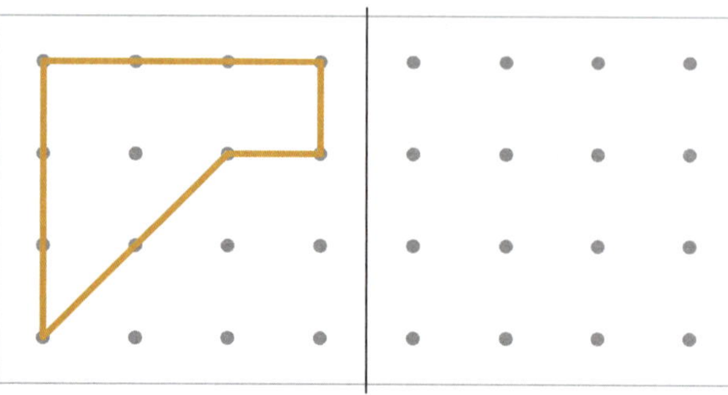

Verwandte Plusaufgaben üben

1 Löse verwandte Aufgabenpaare.

a) 3 + 4 = 7
43 + 4 = 47

b) 7 + 3 = ☐
87 + 3 = ☐

c) 2 + 4 = ☐
62 + 4 = ☐

d) 4 + 5 = ☐
74 + 5 = ☐

e) 6 + 3 = ☐
56 + 3 = ☐

f) 6 + 2 = ☐
76 + 2 = ☐

g) 2 + 7 = ☐
32 + 7 = ☐

h) 5 + 3 = ☐
95 + 3 = ☐

2 Erstelle verwandte Zahlenhäuser.

a)

b)

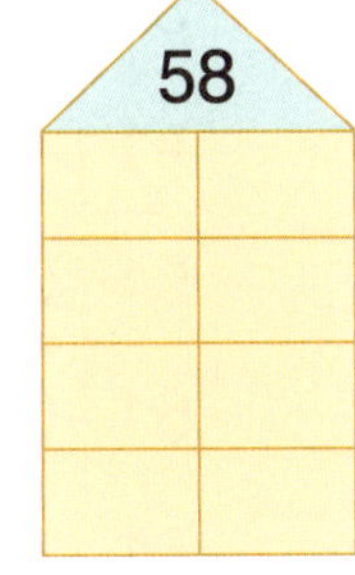

c)

d)

Setze die Aufgabenreihen fort.

a)
5 + 4 = ☐
15 + 4 = ☐
25 + 4 = ☐
☐ + ☐ = ☐
☐ + ☐ = ☐
☐ + ☐ = ☐
☐ + ☐ = ☐

b)
2 + 6 = ☐
12 + 6 = ☐
22 + 6 = ☐
☐ + ☐ = ☐
☐ + ☐ = ☐
☐ + ☐ = ☐
☐ + ☐ = ☐

c)
4 + 3

94 + 3 = ☐
84 + 3 = ☐
74 + 3 = ☐
☐ + ☐ = ☐
☐ + ☐ = ☐
☐ + ☐ = ☐
☐ + ☐ = ☐

Plusaufgaben üben

1 Berechne die Aufgaben. Male die Felder mit den Ergebniszahlen aus.

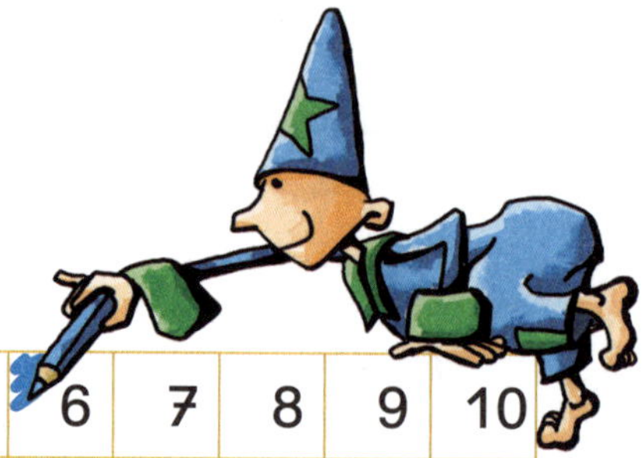

1	2	3	4	5	6	7	8	9	10
11	12	13	14	15	16	17	18	19	20
21	22	23	24	25	26	27	28	29	30
31	32	33	34	35	36	37	38	39	40
41	42	43	44	45	46	47	48	49	50
51	52	53	54	55	56	57	58	59	60
61	62	63	64	65	66	67	68	69	70
71	72	73	74	75	76	77	78	79	80
81	82	83	84	85	86	87	88	89	90
91	92	93	94	95	96	97	98	99	100

a)
3 + 3 = 6
22 + 4 =
51 + 5 =
84 + 3 =
76 + 2 =

b)
50 + 3 =
50 + 1 =
11 + 5 =
82 + 3 =
55 + 4 =

c)
34 + 2 =
71 + 2 =
12 + 5 =
50 + 5 =
53 + 4 =

d)
60 + 2 =
57 + 3 =
36 + 2 =
11 + 3 =
52 + 2 =

e)
41 + 5 =
54 + 4 =
32 + 7 =
22 + 6 =
67 + 2 =

f)
81 + 5 =
51 + 1 =
23 + 4 =
33 + 4 =
2 + 5 =

g)
11 + 4 =
22 + 2 =
31 + 3 =
20 + 5 =
33 + 2 =

h)
2 + 3 =
32 + 1 =
81 + 3 =
21 + 2 =
30 + 2 =

Verwandte Minusaufgaben üben

1 Löse verwandte Aufgabenpaare.

a) 7 – 5 = 2
37 – 5 = 32

b) 9 – 7 = ___
79 – 7 = ___

c) 8 – 3 = ___
98 – 3 = ___

d) 6 – 5 = ___
86 – 5 = ___

e) 8 – 5 = ___
48 – 5 = ___

f) 9 – 4 = ___
59 – 4 = ___

g) 7 – 3 = ___
67 – 3 = ___

h) 8 – 6 = ___
28 – 6 = ___

2 Setze die Aufgabenreihen fort.

a)
5 – 4 = ___
15 – 4 = ___
25 – 4 = ___
___ – ___ = ___
___ – ___ = ___
___ – ___ = ___
___ – ___ = ___

b)
6 – 2 = ___
16 – 2 = ___
26 – 2 = ___
___ – ___ = ___
___ – ___ = ___
___ – ___ = ___
___ – ___ = ___

c)
98 – 5 = ___
88 – 5 = ___
78 – 5 = ___
___ – ___ = ___
___ – ___ = ___
___ – ___ = ___
___ – ___ = ___

3 Male die Kärtchen mit verwandten Aufgaben in der gleichen Farbe aus.
Löse die Aufgaben.

27 – 4 = 23	88 – 7 = ___	86 – 3 = ___	39 – 2 = ___
98 – 4 = ___	79 – 2 = ___	57 – 5 = ___	67 – 4 = 63
27 – 6 = ___	15 – 3 = ___	38 – 4 = ___	16 – 3 = ___
17 – 5 = ___	28 – 7 = ___	67 – 6 = ___	75 – 3 = ___

1 Berechne die Aufgaben.
Male die Felder mit den Ergebniszahlen aus.

1	2	3	4	5	6	7	8	9	10
11	12	13	14	15	16	17	18	19	20
21	22	23	24	25	26	27	28	29	30
31	32	33	34	35	36	37	38	39	40
41	42	43	44	45	46	47	48	49	50
51	52	53	54	55	56	57	58	59	60
61	62	63	64	65	66	67	68	69	70
71	72	73	74	75	76	77	78	79	80
81	82	83	84	85	86	87	88	89	90
91	92	93	94	95	96	97	98	99	100

a) 29 − 8 = 21
49 − 4 =
57 − 3 =
38 − 5 =
59 − 2 =
80 − 2 =

b) 77 − 4 =
29 − 6 =
58 − 2 =
49 − 1 =
56 − 3 =
68 − 5 =

c) 59 − 4 =
50 − 3 =
18 − 5 =
29 − 7 =
48 − 4 =
50 − 1 =

d) 48 − 5 =
60 − 2 =
40 − 1 =
49 − 3 =
70 − 2 =
18 − 6 =

2 Finde zu jeder Ergebniszahl unterschiedliche Minusaufgaben.

a) 70 − 8 = 62
 − = 62
 − = 62
 − = 62

b) − = 81
 − = 81
 − = 81
 − = 81

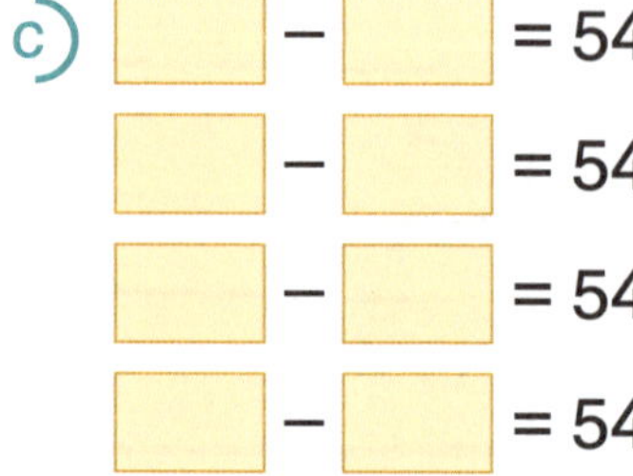
c) − = 54
 − = 54
 − = 54
 − = 54

Plusaufgaben üben

1 Ergänze.

a)

+5	
6	11
36	41
8	
48	
9	
79	
7	
67	

b)

+6	
7	
57	
5	
65	
8	
78	
6	
46	

c)

+7	
5	
35	
9	
69	
6	
86	
4	
54	

d)

+8	
4	
34	
7	
57	
3	
43	
5	
85	

2 Rechne und kontrolliere mit der Umkehraufgabe.

a) 25 + 7 = 32, denn 32 − 7 = 25
58 + 6 = ___, denn ___
37 + 8 = ___, denn ___
76 + 5 = ___, denn ___
49 + 4 = ___, denn ___
68 + 9 = ___, denn ___

b) 57 + 4 = ___, denn ___
83 + 8 = ___, denn ___
29 + 3 = ___, denn ___
67 + 7 = ___, denn ___
48 + 9 = ___, denn ___
79 + 5 = ___, denn ___

3 Rechne und bilde selbst solche Aufgabenpaare.

a) 45 + 8 = 53
48 + 5 = 53

b) 56 + 7 = ___
57 + 6 = ___

c) 78 + 4 = ___
74 + 8 = ___

d) ___ + ___ = ___
___ + ___ = ___

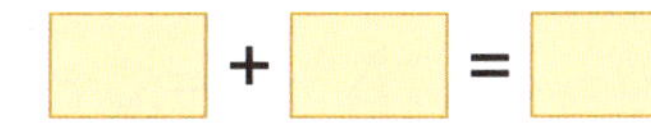

e) ___ + ___ = ___
___ + ___ = ___

f) ___ + ___ = ___
___ + ___ = ___

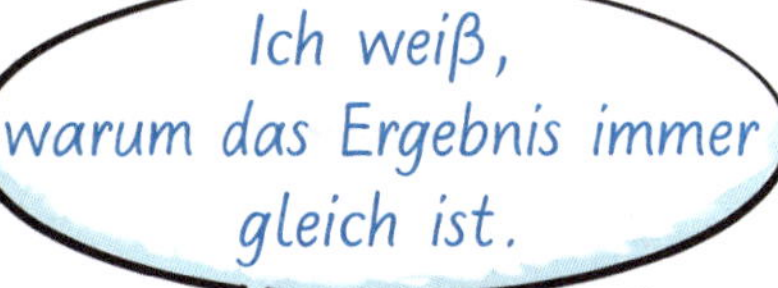

Minusaufgaben üben

1 Fülle die Rechentabellen aus.

a)

−	3	5	7	8	4
11	8				
31	28				
13					
43					
15					
75					

b)

−	6	2	4	7	9
12					
52					
14					
84					
16					
46					

2 Rechne und kontrolliere mit der Umkehraufgabe.

a) 62 − 5 = 57
91 − 9 =
43 − 7 =
71 − 2 =

b) 37 − 8 =
61 − 7 =
92 − 8 =
53 − 9 =

c) 32 − 6 =
51 − 8 =
94 − 9 =
63 − 5 =

d) 91 − 6 =
48 − 9 =
71 − 4 =
53 − 6 =

57 + 5 = 62 | 29 + 8 = 37 | 58 + 5 = 63 | 39 + 9 = 48
26 + 6 = 32 | 82 + 9 = 91 | 43 + 8 = 51 | 44 + 9 = 53
36 + 7 = 43 | 85 + 6 = 91 | 69 + 2 = 71 | 47 + 6 = 53
67 + 4 = 71 | 54 + 7 = 61 | 85 + 9 = 94 | 84 + 8 = 92

3 Kontrolliere die Aufgaben. Rechne dazu auch die Umkehraufgaben.
Tipp: 6 Aufgaben sind falsch.

a) 63 − 4 = 59 ✓
72 − 6 = ~~65~~ 66
41 − 5 = 36
84 − 7 = 76

b) 33 − 8 = 25
92 − 7 = 85
75 − 6 = 69
63 − 9 = 56

c) 42 − 8 = 34
54 − 7 = 47
37 − 8 = 28
43 − 5 = 38

d) 34 − 6 = 28
41 − 4 = 46
57 − 9 = 48
76 − 8 = 84

Fragen zuordnen

Tim hat 19 Fußballbilder.
Tom hat nur 9 Fußballbilder.

Lea hat 20 Tierpostkarten.
Sie hat 10 weniger als Lisa.

Paul hat 8 Murmeln mehr als Anne.
Anne hat 21 Murmeln.

1 Ordne die Fragen den Rechengeschichten passend zu.
Male sie passend aus. Trage die Ergebniszahlen ein.

a)

Wie viele Fußballbilder hat Tim?	19
Wie viele Tierpostkarten hat Lea?	
Wie viele Murmeln hat Anne?	
Wie viele Fußballbilder hat Tom?	
Wie viele Murmeln hat Paul mehr als Anne?	
Wie viele Tierpostkarten hat Lea weniger als Lisa?	

b)

Wie viele Tierpostkarten hat Lisa mehr als Lea?	
Wie viele Fußballbilder haben Tim und Tom zusammen?	
Wie viele Murmeln hat Paul?	
Wie viele Fußballbilder hat Tim mehr als Tom?	
Wie viele Tierpostkarten hat Lisa?	
Wie viele Tierpostkarten haben Lisa und Lea zusammen?	
Wie viele Fußballbilder hat Tom weniger als Tim?	
Wie viele Murmeln hat Anne weniger als Paul?	

c)

Wie viele Fußballbilder muss Tim Tom schenken, damit sie gleich viele haben?	
Wie viele Murmeln muss Paul Anne schenken, damit sie gleich viele haben?	
Wie viele Tierpostkarten muss Lisa Lea schenken, damit sie gleich viele haben?	

Fragen und Antworten zuordnen

1 Kreuze die zur Rechnung passende Frage und die passende Antwort an.

a) In der Klasse 2a sind 27 Kinder.
In der Klasse 2b sind 4 Kinder mehr.

R: 27 + 4 = 31

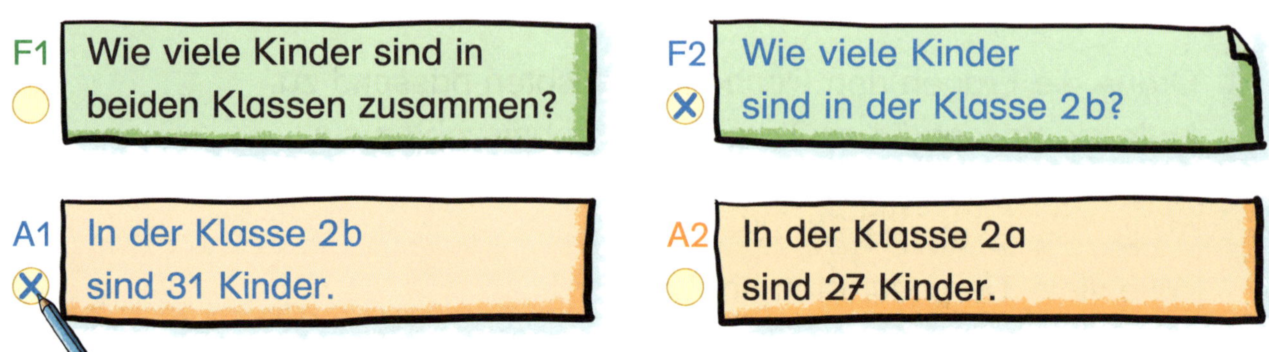

- F1 ◯ Wie viele Kinder sind in beiden Klassen zusammen?
- F2 ☒ Wie viele Kinder sind in der Klasse 2b?
- A1 ☒ In der Klasse 2b sind 31 Kinder.
- A2 ◯ In der Klasse 2a sind 27 Kinder.

b) Von den 27 Kindern der Klasse 2a sind in der Pause 9 Kinder auf dem Klettergerüst, 5 Kinder turnen am Reck und die anderen spielen Ball.

R: 27 – 9 – 5 = 13

- F1 ◯ Wie viele Kinder spielen Ball?
- F2 ◯ Wie viele Kinder turnen am Reck?
- A1 ◯ 5 Kinder turnen am Reck.
- A2 ◯ 13 Kinder spielen Ball.

c) Von den 27 Kindern der Klasse 2a können 9 Kinder schon schwimmen.
Die anderen Kinder können noch nicht schwimmen.

R: 27 – 9 = 18

- F1 ◯ Wie viele Kinder gehen zum Schwimmen?
- F2 ◯ Wie viele Kinder können noch nicht schwimmen?
- A1 ◯ 18 Kinder können noch nicht schwimmen.
- A2 ◯ 27 Kinder gehen zum Schwimmen.

Zeitspannen zuordnen

1 Wie viel Zeit ist vergangen? Ordne die Zeitangaben den Bildern zu.

genau eine Woche einige Stunden einige Minuten
einige Tage ein Tag genau ein Jahr
mehrere Jahre mehrere Monate ~~einige Sekunden~~

Mit dem Kalender rechnen

1 Lenas kleiner Bruder ist
1 Jahr und 5 Monate alt.
Tims Bruder ist 16 Monate alt.

F: Wer ist älter?

A: __________ Bruder ist älter.

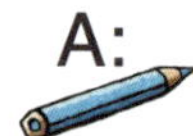

2 Lisa erzählt: „Ich bin 3 Wochen und 3 Tage im Urlaub.
Die Hälfte von diesem Urlaub ist meine Freundin Maja dabei."

F: Wie viele Tage sind Lisa und Maja im Urlaub?

A: Lisa ist ☐ Tage im Urlaub.

Maja ist ☐ Tage dabei.

3 Lena wurde am 22. April krank.
Am 27. April war sie wieder gesund.

F: Wie lange war Lena krank? A: Lena war ☐ Tage krank.

4 Heute ist Montag. Patrick hat in vier Tagen Geburtstag. Seit einer Woche hat Julia einen Hamster. Vor drei Tagen hat sich Lea verletzt.

a) Setze die richtigen Wochentage ein.

Patrick hat am __________ Geburtstag.

Julia hat am __________ den Hamster bekommen.

Lea hat sich am __________ verletzt.

b) Schreibe die Sätze aus a) zum heutigen Tag auf.
Finde die richtigen Wochentage.

Heute ist __________

Patrick hat am __________

____

____

____

Zueinander passende Plus- und Malaufgaben finden

1 Male die Aufgaben, die zusammengehören, in der gleichen Farbe an. Rechne die Aufgaben aus.

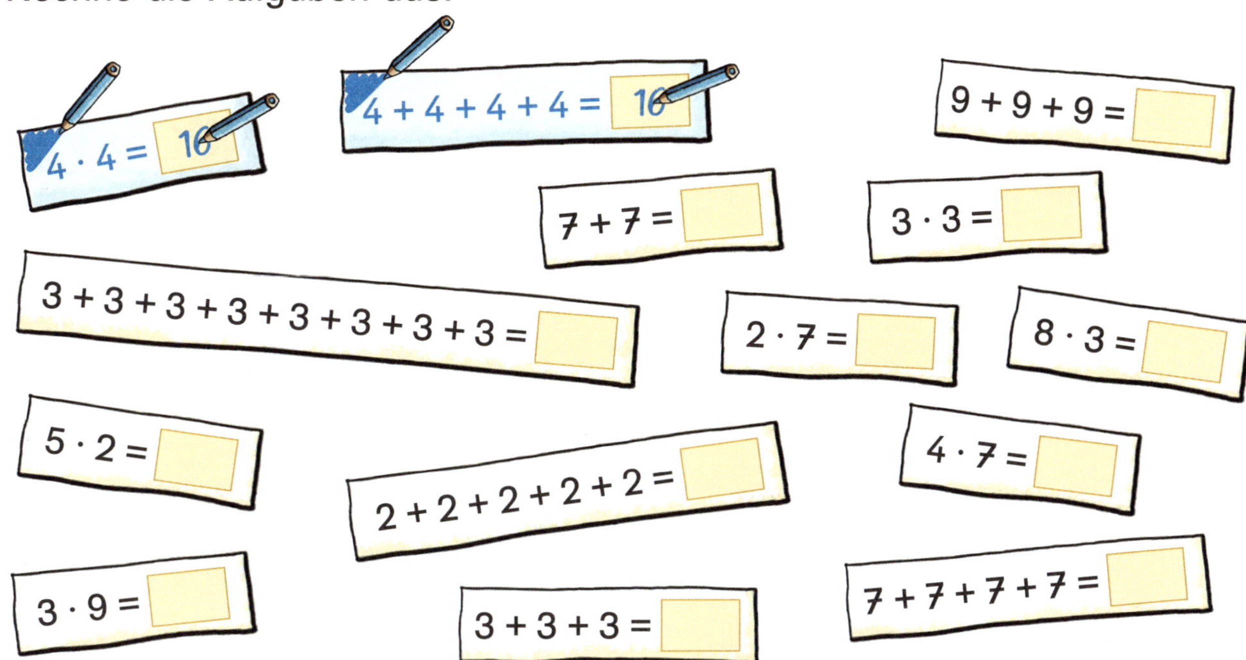

2 Schreibe zu jeder Plusaufgabe die passende Malaufgabe. Rechne beide Aufgaben aus.

a) 4 + 4 + 4 = 12

b) 6 + 6 + 6 + 6 + 6 = ☐

☐ · ☐ = ☐

c) 5 + 5 + 5 = ☐

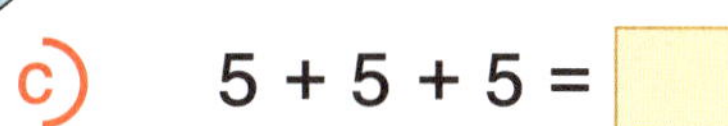

d) 9 + 9 = ☐

☐ · ☐ = ☐

e) 8 + 8 + 8 + 8 = ☐

☐ · ☐ = ☐

f) 7 + 7 + 7 = ☐

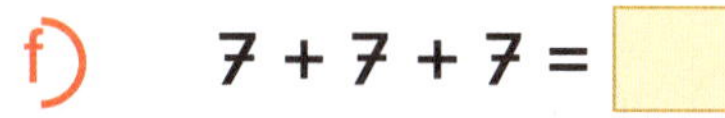

3 Schreibe unter jede Malaufgabe die passende Plusaufgabe. Rechne die Aufgaben aus.

a) 6 · 4 = 24

b) 3 · 6 = ☐

c) 4 · 5 = ☐

d) 2 · 8 = ☐

e) 4 · 9 = ☐

f) 6 · 2 = ☐

Handeln, zeichnen und rechnen

1 Baue eine Mauer aus Steckwürfeln.
In jeder Reihe sollen 8 Würfel sein.
Die Mauer soll 5 Reihen hoch sein.

a) Zeichne die Mauer zu Ende.

b) Wie viele Würfel brauchst du?
Schreibe die passende Plusaufgabe auf.
Schreibe die passende Malaufgabe auf.

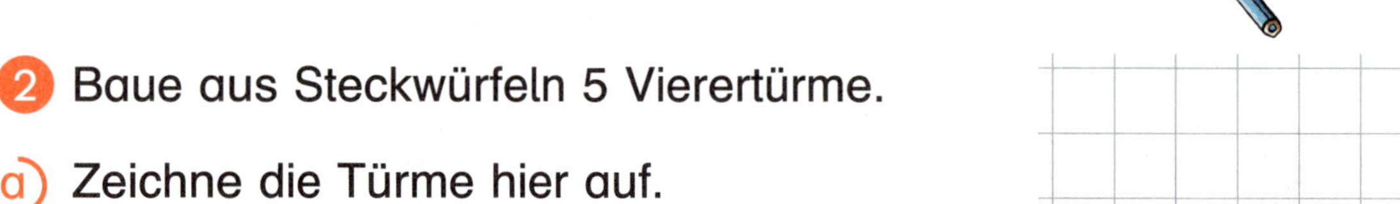

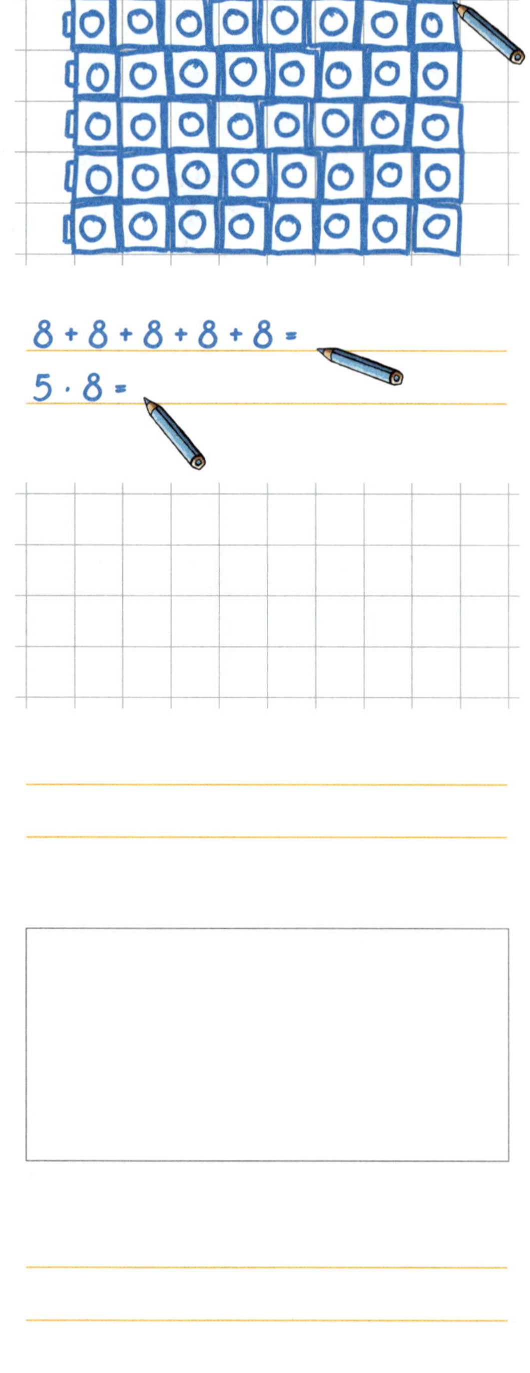

2 Baue aus Steckwürfeln 5 Vierertürme.

a) Zeichne die Türme hier auf.

b) Wie viele Würfel brauchst du?
Schreibe die passende Plusaufgabe auf.
Schreibe die passende Malaufgabe auf.

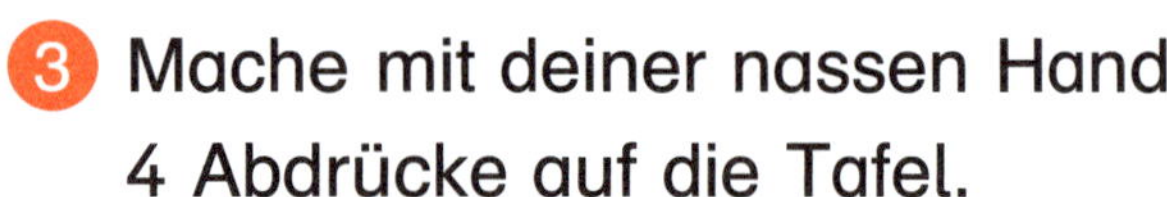

3 Mache mit deiner nassen Hand
4 Abdrücke auf die Tafel.

a) Zeichne das Tafelbild hier auf.

b) Wie viele Finger siehst du auf dem Bild?
Schreibe die passende Plusaufgabe auf.
Schreibe die passende Malaufgabe auf.

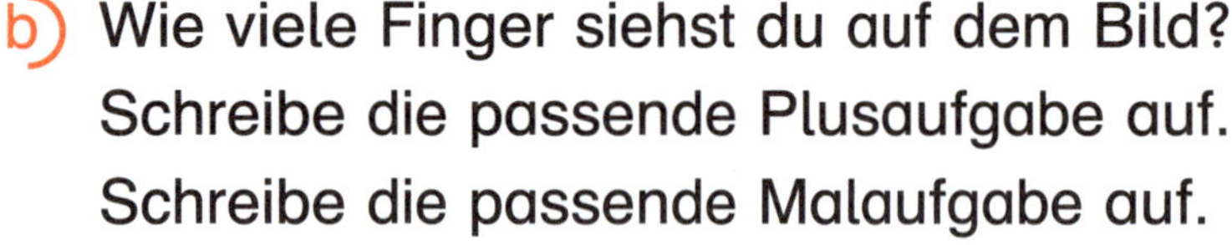

4 Lege 3 Reihen mit Bonbons.
In jeder Reihe sollen 6 Bonbons liegen.

a) Zeichne die Bonbons hier auf.

b) Wie viele Bonbons hast du insgesamt
vor dir liegen?
Schreibe die passende Plusaufgabe auf.
Schreibe die passende Malaufgabe auf.

Einmaleins mit 5 und 10 üben

1 Trage die fehlenden Zahlen ein.

a)

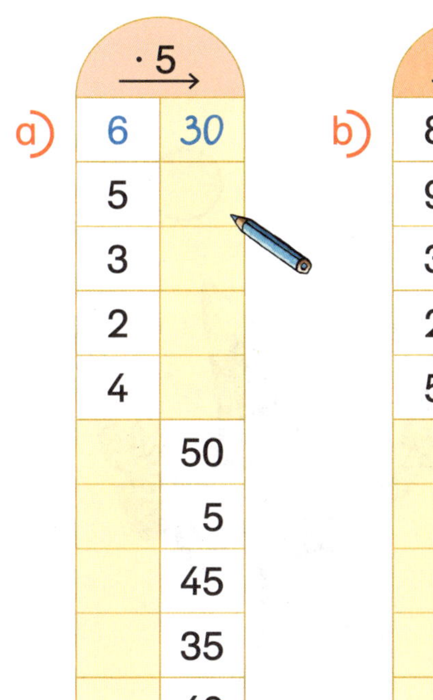

· 5 →	
6	30
5	
3	
2	
4	
	50
	5
	45
	35
	40

b)

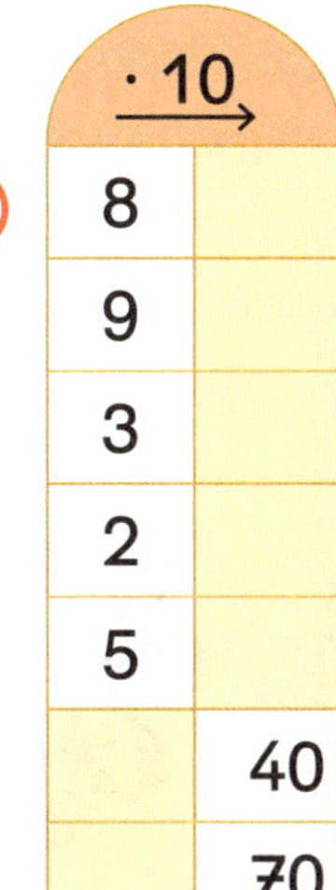

· 10 →	
8	
9	
3	
2	
5	
	40
	70
	100
	60
	10

c)

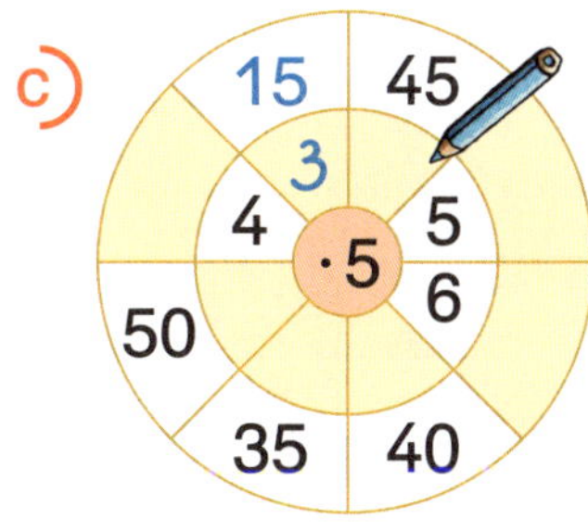

d)

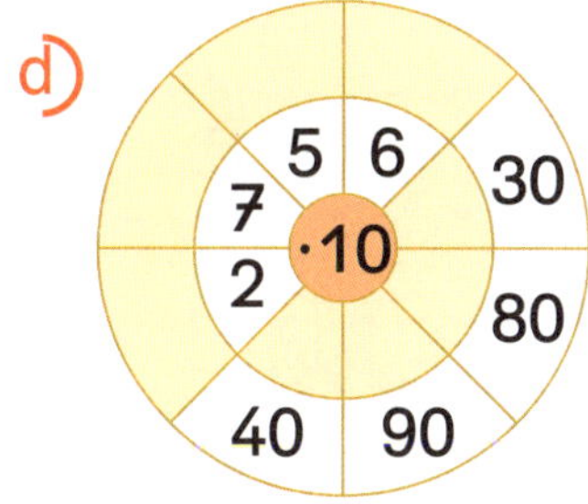

e)

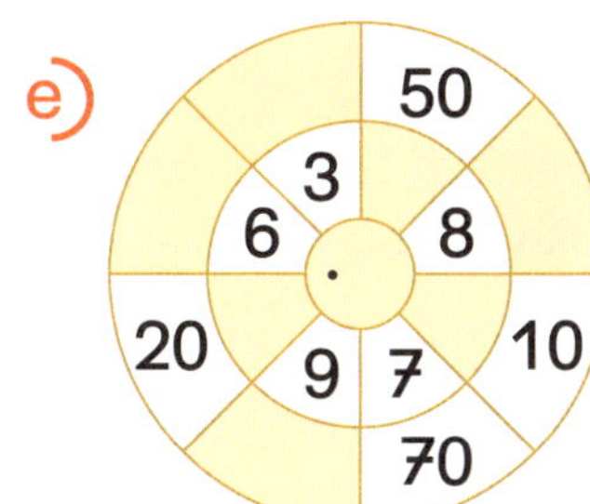

f)

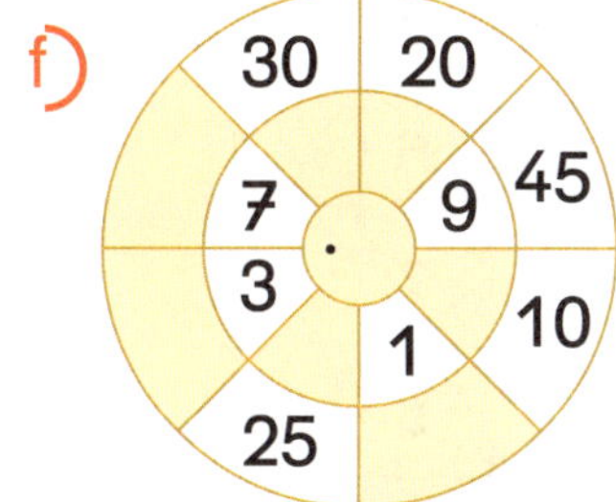

2 Verbinde die Zahlen so, dass Malaufgaben entstehen.
Schreibe die Aufgaben auf.

a)

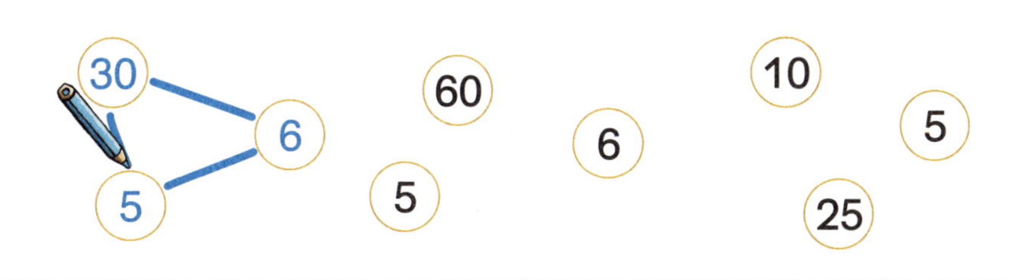

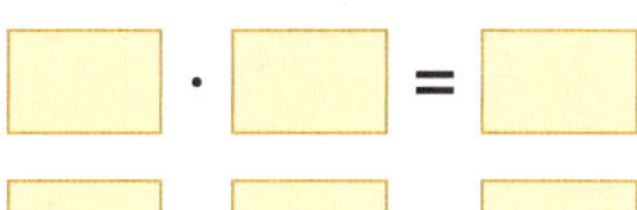

b)

15 5 10 4

3 45 5 9 40

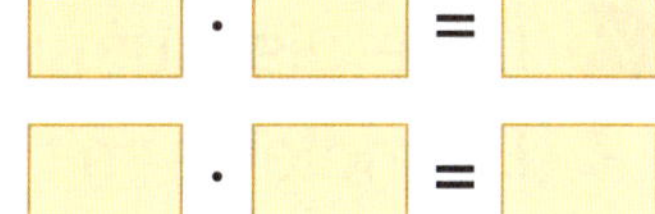

c)

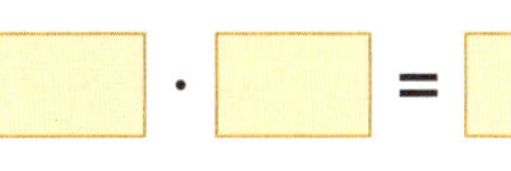

10 5 7 5

10 1 35 10 50

Einmaleins mit 1, 2, 5 und 10 üben

1 Löse die Aufgaben aus dem Einmaleins mit 1, 2, 5 und 10.
Trage die Ergebnisse in die Einmaleinstafel ein.

·	1	2	3	4	5	6	7	8	9	10
1	1									
2										
3										
4										
5										
6										
7										
8										
9										
10										

2 Löse auch die Tauschaufgaben zum Einmaleins mit 1, 2, 5 und 10.
Trage die Ergebnisse in die Einmaleinstafel ein.
Schreibe mit einem roten Stift.

3 Betrachte in der Einmaleinstafel das Einmaleins mit 1, 2, 5 und 10 und die Tauschaufgaben zum Einmaleins mit 1, 2, 5 und 10. Was fällt dir auf?

4 Löse die Aufgaben aus dem Einmaleins mit 1, 2, 5 und 10.

·	1	2	5	10
4	4			
8				
6				
9				

5 Löse die Tauschaufgaben zum Einmaleins mit 1, 2, 5 und 10.

·	3	6	7	8
1				
2				
5				
10				

Einmaleins mit 4 und 8 üben

1 Trage die fehlenden Zahlen ein.

Immer das Doppelte

a) · 2

9	18
5	
1	
3	
7	
	12
	4
	20
	8
	16

b) · 4

5	
7	
3	
1	
4	
	24
	36
	40
	8
	32

c) · 8

2	
6	
4	
10	
8	
	8
	56
	72
	24
	40

d)

·	2	4	8
6	12	24	48
8			
		12	
7			
	8		
5			
			8
			72
2			
		40	

2 Streiche falsche Ergebnisse durch.

5 · 4 =	~~10~~	20	~~12~~
5 · 8 =	32	48	40
7 · 8 =	56	64	28
9 · 4 =	14	36	12
6 · 8 =	50	40	48
3 · 4 =	12	14	16
4 · 8 =	48	32	64
6 · 4 =	20	28	24

3 Male richtige Ergebnisse an.

9 · 8 + 1 =	73	74	71
2 · 4 + 3 =	21	11	12
2 · 8 + 5 =	11	21	25
8 · 4 + 4 =	32	40	36
3 · 8 − 1 =	26	20	23
10 · 4 − 6 =	50	34	60
9 · 8 − 4 =	70	68	72
7 · 4 − 5 =	23	25	28

Rechne zuerst die Malaufgabe, dann erst die Plus- oder Minusaufgabe.

4 Trage die fehlenden Zahlen ein.

a)

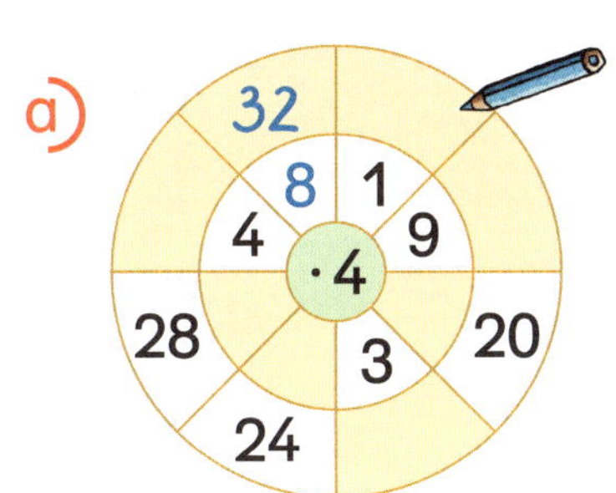

b)

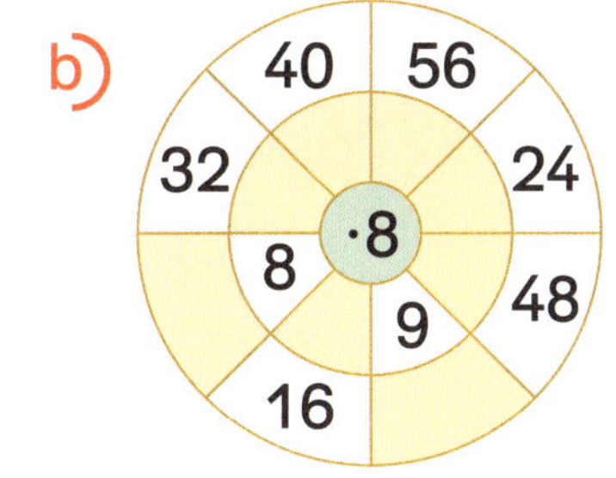

c)

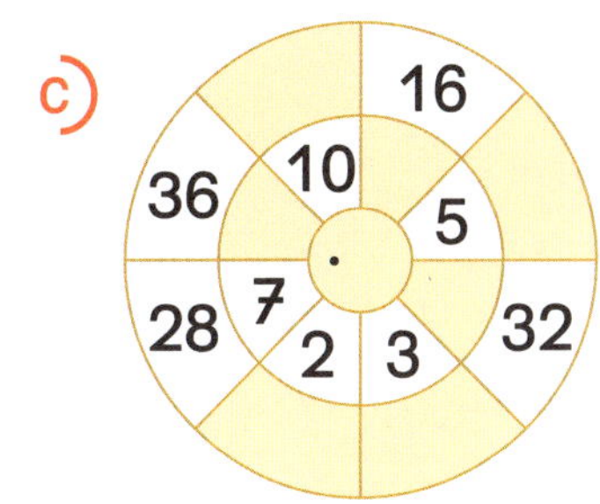

Mir fällt etwas auf!

1 Trage die fehlenden Zahlen ein.

a)

· 3 →	
5	15
7	
3	
1	
4	
	18
	24
	6
	30
	27

b)

· 6 →	
5	
4	
	54
	36
8	
	18
10	
	6
	42
2	

c)

· 9 →	
5	
2	
10	
	27
	36
	72
6	
	9
7	
	81

d)

·	3	6	9
3	9	18	27
6			
		12	
			45
		6	
9			
	24		
		24	
			90
7			

2 Trage die fehlenden Zahlen ein.

a)

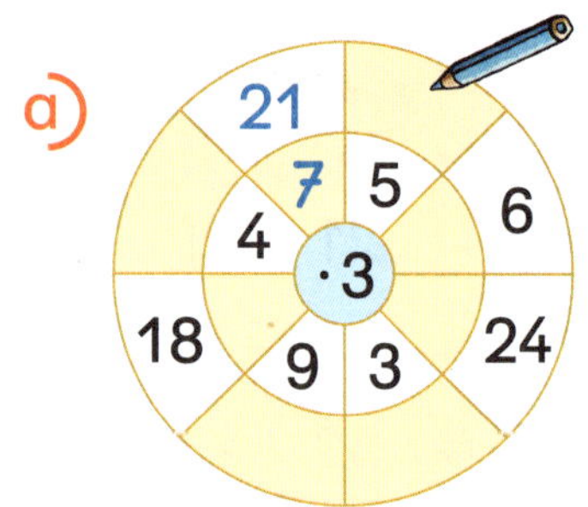

b)

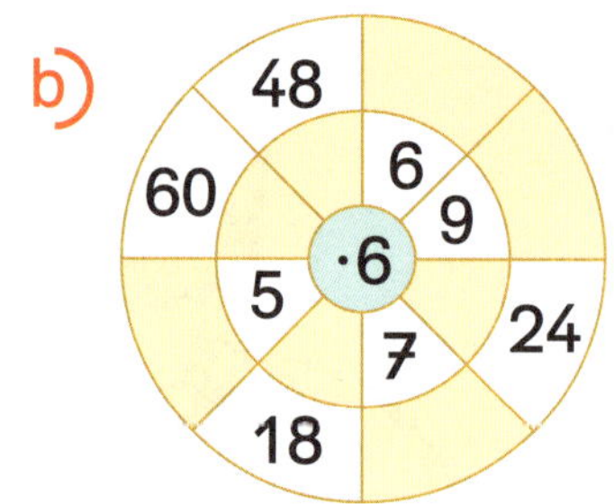

c)

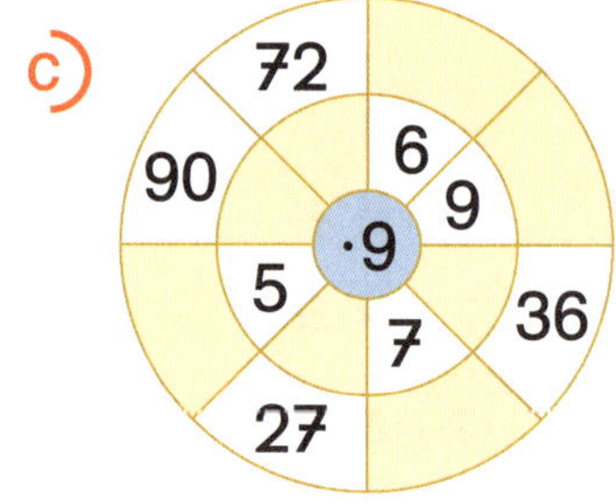

3 Verbinde die Zahlen so, dass Malaufgaben entstehen.
Schreibe die Aufgaben auf.

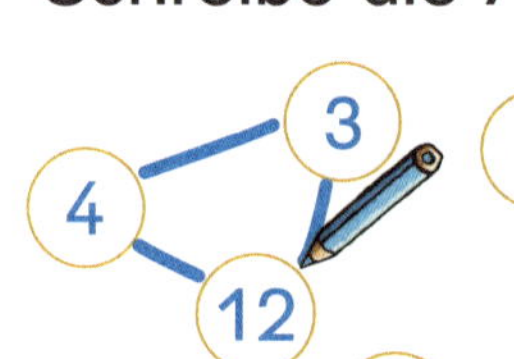

6 18 3 9 18 6 7 2 42 3 5

15 9 72 36 21 6

45 6

4 · 3 = 12

__ · __ = __

__ · __ = __

__ · __ = __

__ · __ = __

__ · __ = __

__ · __ = __

__ · __ = __

__ · __ = __

Einmaleins mit 7 üben/Einmaleins üben

1 Trage die fehlenden Zahlen ein.

a)

· 7 →	
5	35
	42
	49
8	
4	

b)

· 7 →	
	21
2	
	63
1	
	70

c)

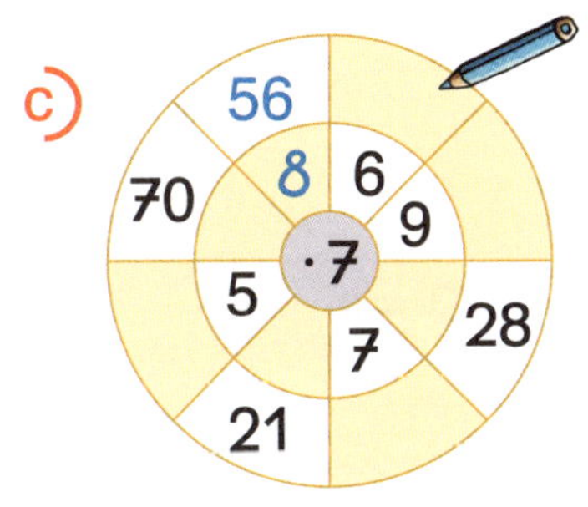

d)

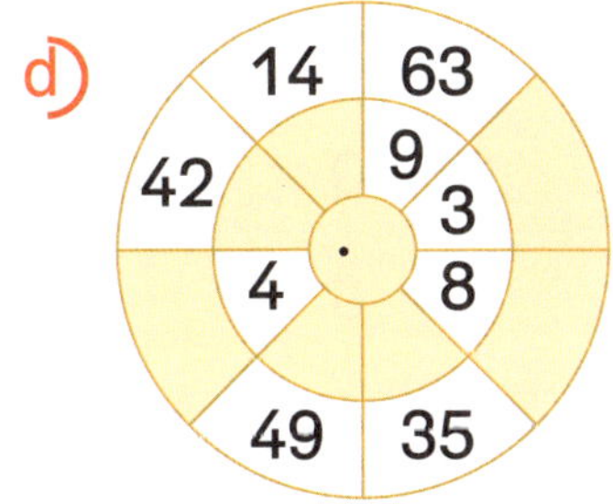

2 Male das Kästchen mit dem richtigen Ergebnis aus.

a)

6 · 7 =	40	42	49
0 · 7 =	7	10	0
8 · 7 =	56	63	64
3 · 7 =	25	21	18

b)

2 · 7 =	12	14	16
5 · 8 =	40	36	48
7 · 9 =	72	56	63
5 · 7 =	30	35	40

c)

9 · 6 + 2 =	48	52	56
4 · 7 + 4 =	30	32	34
8 · 9 − 5 =	65	67	76
7 · 7 − 4 =	45	49	52

3 Verbinde die Aufgabe mit dem richtigen Ergebnis.

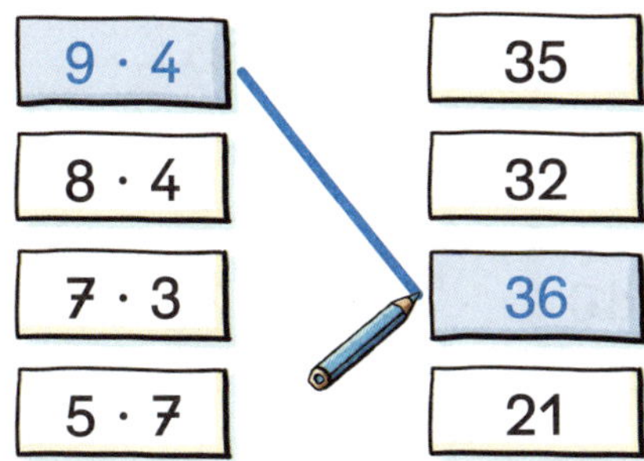

4 Verbinde Aufgaben mit gleichen Ergebnissen.

5 Verbinde immer 2 Aufgaben. Setze das richtige Zeichen <, > oder = ein. Vergleiche mit anderen Kindern.

a)

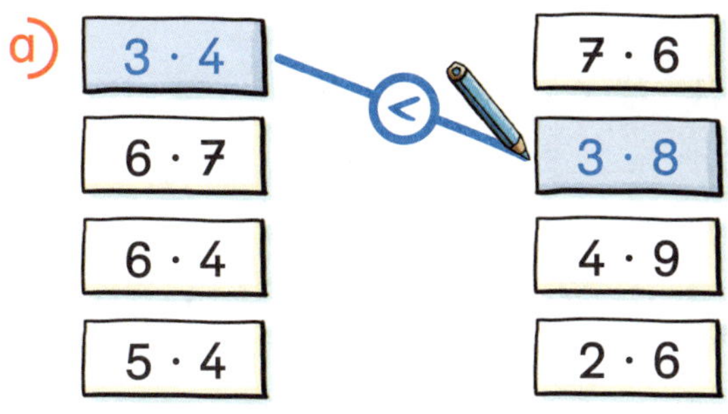

b)

4 · 4	3 · 10
6 · 6	2 · 10
9 · 2	3 · 6
5 · 6	2 · 8

1 Löse die Aufgaben.

a) 6 · 8 = 48
9 · 2 =
3 · 10 =
2 · 6 =

b) 0 · 8 =
4 · 2 =
6 · 4 =
5 · 10 =

c) 7 · 6 =
3 · 5 =
5 · 4 =
1 · 2 =

d) 3 · 8 =
0 · 5 =
7 · 3 =
10 · 5 =

2 Kontrolliere die Aufgaben.
Tipp: In jedem Päckchen sind zwei Aufgaben falsch.

a) 3 · 6 = 18 ✓
6 · 5 = ~~35~~ 30
8 · 8 = 64
9 · 3 = 24

b) 4 · 7 = 28
6 · 9 = 63
9 · 7 = 56
4 · 8 = 32

c) 2 · 9 = 16
4 · 3 = 12
7 · 4 = 28
8 · 9 = 81

d) 8 · 5 = 48
7 · 7 = 49
4 · 9 = 45
8 · 4 = 32

3 Fülle die Rechentabellen aus.

a)

·	3	7	9	2	5
5	15				
3					
6					
9					

b)

·	4	6	1	8	10
2					
7					
8					
10					

4 Löse die Geheimschrift.

18	20	21	24	30	35	36	40	56	72
A	U	D	N	K	E	C	O	H	R

7·3	5·4		6·5	2·9	8·3	6·4	4·2	2·6
D								

4·3	8·5	2·8	4·4		8·9	5·7	6·6	7·8	3·8	7·5	4·6	!

Geteiltaufgaben mit Hilfe von Bildern lösen – Aufteilen

1 Schreibe zu jedem Bild die passende Geteiltaufgabe.

a) 10 : 2 = 5

b) 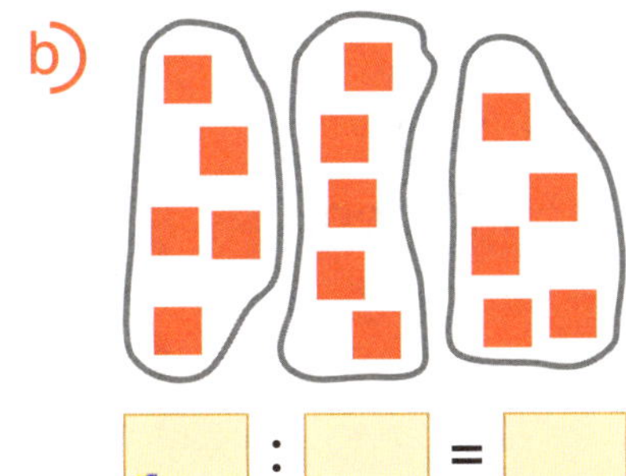

☐ : ☐ = ☐

c) 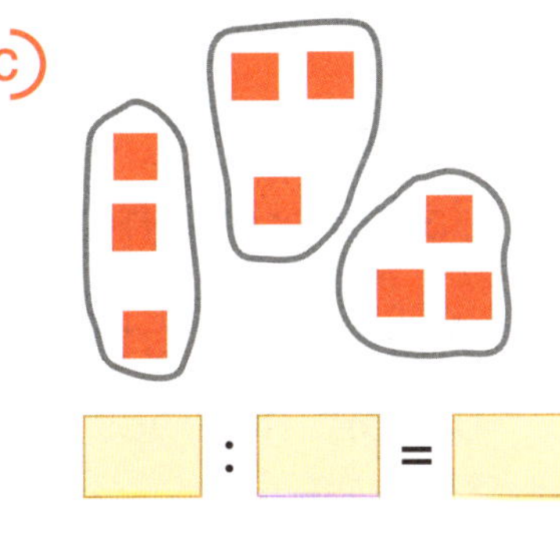

☐ : ☐ = ☐

d) 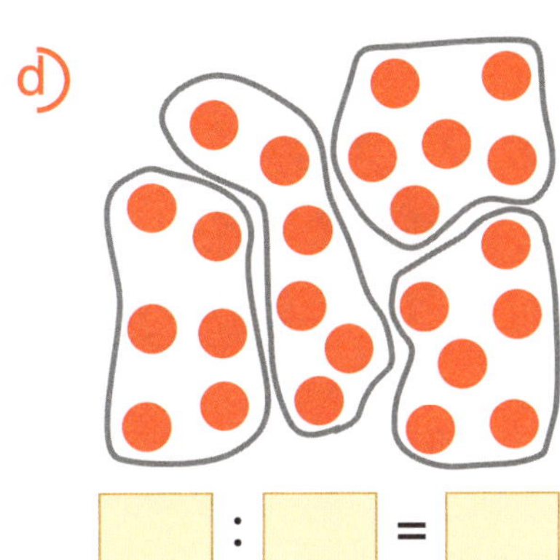

☐ : ☐ = ☐

e) 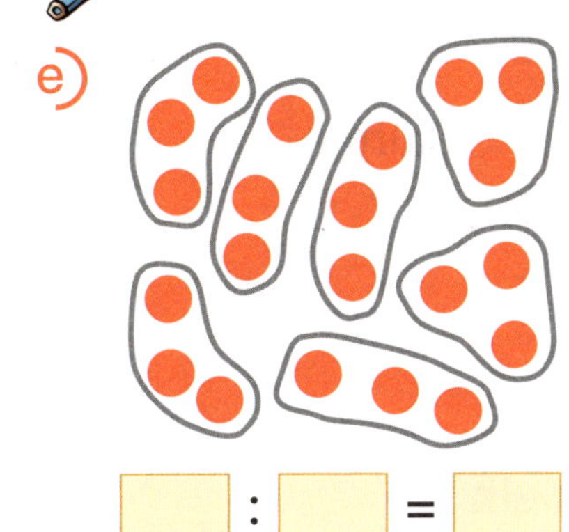

☐ : ☐ = ☐

f) 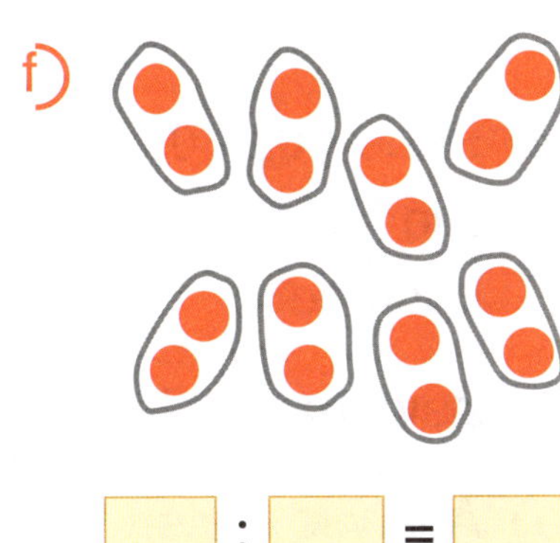

☐ : ☐ = ☐

2 Zeichne passende Rechenbilder und löse die Aufgaben.

a) 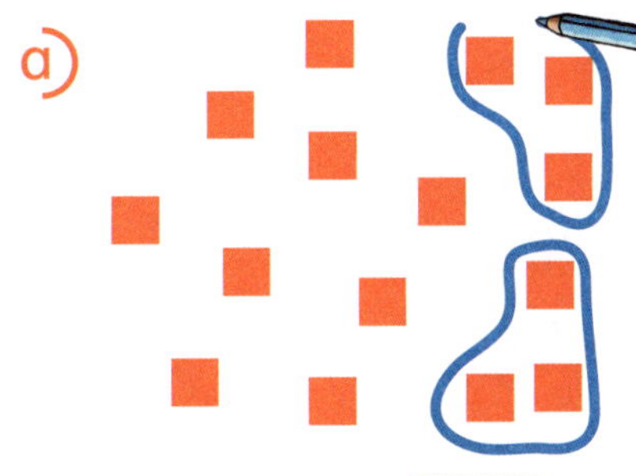

15 : 3 = ☐

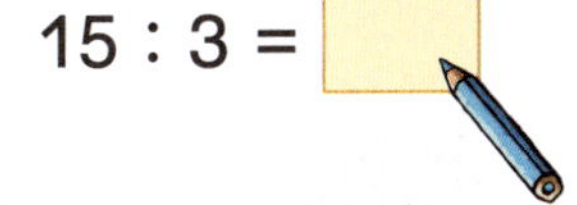

b) 

8 : 2 = ☐

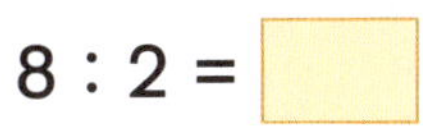

c) 

12 : 4 = ☐

d) 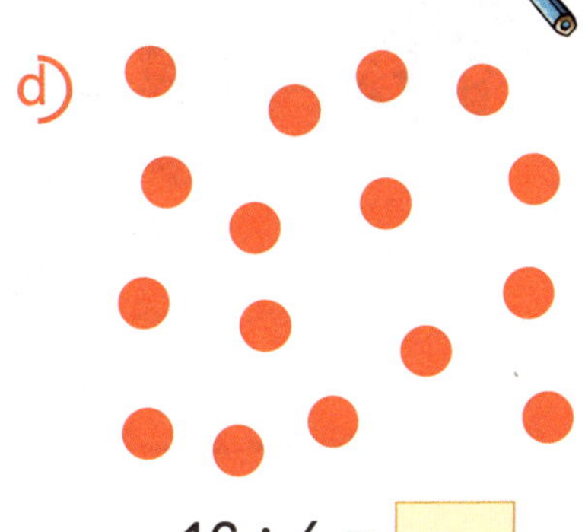

16 : 4 = ☐

e) 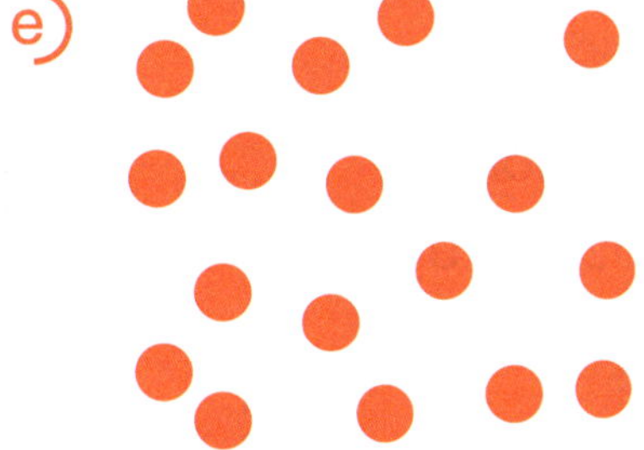

18 : 6 = ☐

f) 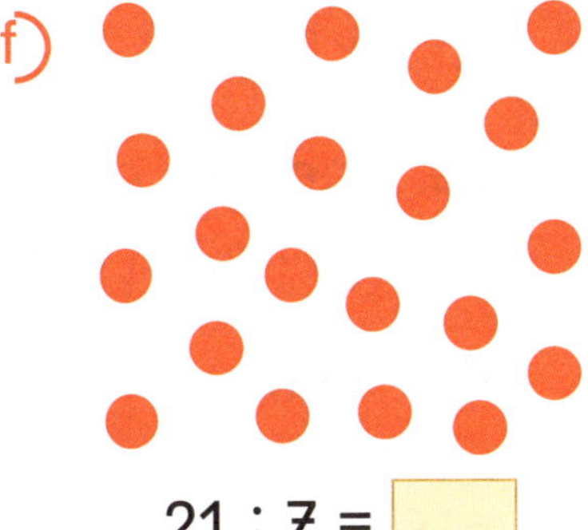

21 : 7 = ☐

Handeln, zeichnen und rechnen – Verteilen

1 Verteile 15 Karten gleichmäßig an 3 Kinder.

a) Zeichne hier, wie die Karten nach dem Verteilen auf dem Tisch liegen.

b) Wie viele Karten bekommt jedes Kind?

Schreibe die passende Geteiltaufgabe auf.

2 Baue aus 30 Steckwürfeln 6 Türme. Die Türme sollen alle gleich hoch sein.

a) Zeichne die Türme hier auf.

b) Aus wie vielen Steckwürfeln besteht jeder Turm?

Schreibe die passende Geteiltaufgabe auf.

3 Baue aus 18 Steckwürfeln eine Mauer. Jede Reihe besteht aus 6 Steckwürfeln.

a) Zeichne die Mauer hier auf.

b) Aus wie vielen Würfel-Reihen besteht die Mauer?

Schreibe die passende Geteiltaufgabe auf.

4 Verteile 20 1-Euro-Münzen an 4 Kinder.

a) Zeichne, wie die Münzen nach dem Verteilen auf dem Tisch liegen.

b) Wie viele 1-Euro-Münzen bekommt jedes Kind?

Schreibe die passende Geteiltaufgabe auf.

Zu Geteiltaufgaben passende Malaufgaben finden

1 Trage die fehlenden Zahlen ein.

a) 35 → :5 → 7, · 5 ←
42 → :6 → ☐, · 6 ←
32 → :8 → ☐, · 8 ←

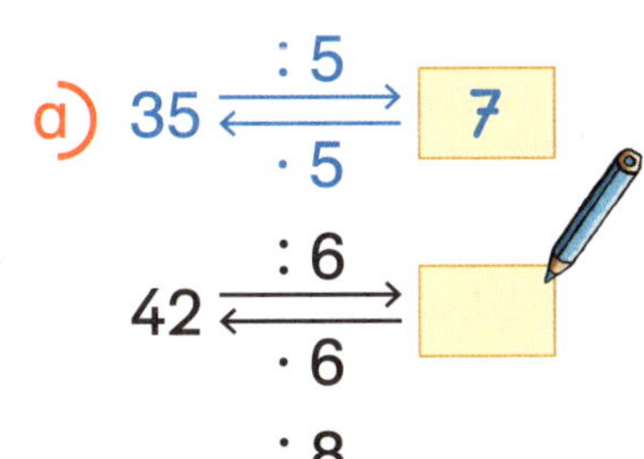

b) ☐ → :2 → 7, · 2 ←
☐ → :3 → 5, · 3 ←
☐ → :5 → 8, · 5 ←

c) 18 → :6 → ☐, · 6 ←
☐ → :9 → 5, · 9 ←
36 → :4 → ☐, · 4 ←

2 Verbinde Geteilt- und Malaufgaben, die zusammengehören. Löse sie.

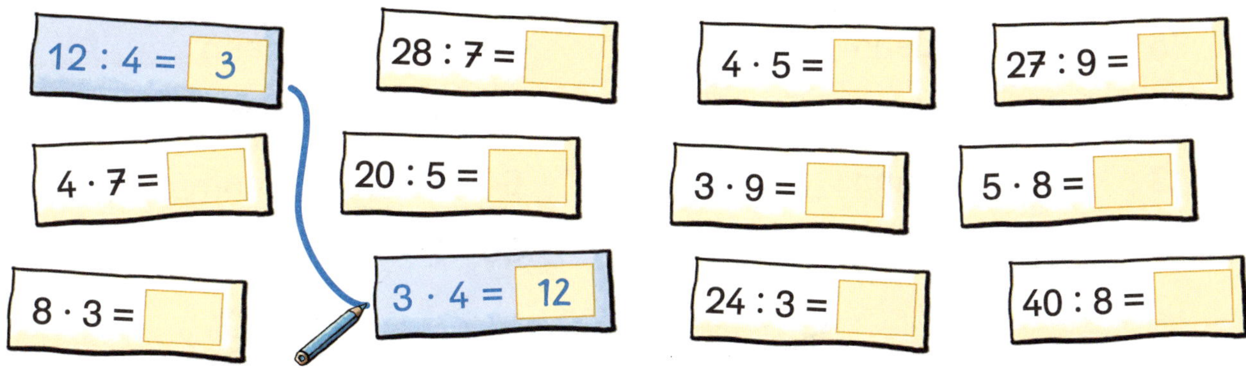

12 : 4 = 3
28 : 7 =
4 · 5 =
27 : 9 =
4 · 7 =
20 : 5 =
3 · 9 =
5 · 8 =
8 · 3 =
3 · 4 = 12
24 : 3 =
40 : 8 =

3 Finde zu jeder Geteiltaufgabe die passende Malaufgabe.
Rechne beide Aufgaben aus.

a) 20 : 4 = 5
5 · 4 = 20

b) 72 : 8 = ☐
☐ · ☐ = ☐

c) 42 : 7 = ☐
☐ · ☐ = ☐

d) 27 : 3 = ☐
☐ · ☐ = ☐

e) 63 : 9 = ☐
☐ · ☐ = ☐

f) 30 : 6 = ☐
☐ · ☐ = ☐

4 Schreibe zu 3 Zahlen jeweils 4 Aufgaben.

a) 4 6 24
4 · 6 = 24
24 : 6 = 4
6 · 4 = 24
24 : 4 = 6

b) 7 8 56

c) 9 5 45

Geteiltaufgaben üben und kontrollieren

1 Löse die Geteiltaufgaben.
Kontrolliere deine Ergebnisse mit der Umkehraufgabe.

a)

5 : 5 = 1, denn 1 · 5 = 5
70 : 10 = ___, denn ___
8 : 1 = ___, denn ___
40 : 5 = ___, denn ___
90 : 10 = ___, denn ___
6 : 1 = ___, denn ___
35 : 5 = ___, denn ___
60 : 10 = ___, denn ___
3 : 1 = ___, denn ___
25 : 5 = ___, denn ___

b)

16 : 2 = ___, denn ___
24 : 4 = ___, denn ___
40 : 8 = ___, denn ___
16 : 4 = ___, denn ___
12 : 2 = ___, denn ___
56 : 8 = ___, denn ___
10 : 2 = ___, denn ___
12 : 4 = ___, denn ___
64 : 8 = ___, denn ___
36 : 4 = ___, denn ___

c)

18 : 3 = ___, denn ___
24 : 6 = ___, denn ___
54 : 9 = ___, denn ___
48 : 6 = ___, denn ___
27 : 3 = ___, denn ___
18 : 9 = ___, denn ___
54 : 6 = ___, denn ___
81 : 9 = ___, denn ___
30 : 3 = ___, denn ___
72 : 9 = ___, denn ___

d)

35 : 7 = ___, denn ___
15 : 5 = ___, denn ___
21 : 7 = ___, denn ___
42 : 6 = ___, denn ___
63 : 7 = ___, denn ___
32 : 8 = ___, denn ___
49 : 7 = ___, denn ___
32 : 4 = ___, denn ___
56 : 7 = ___, denn ___
36 : 9 = ___, denn ___

Geteiltaufgaben üben

1 Male die Aufgaben und ihre Ergebnisse jeweils in der gleichen Farbe aus.

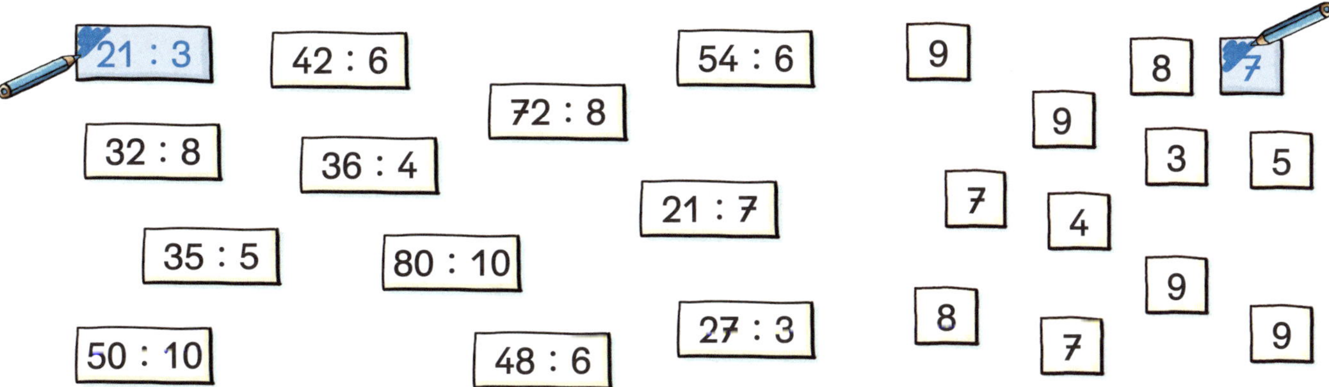

2 Verbinde so, dass sich richtige Aufgaben ergeben.

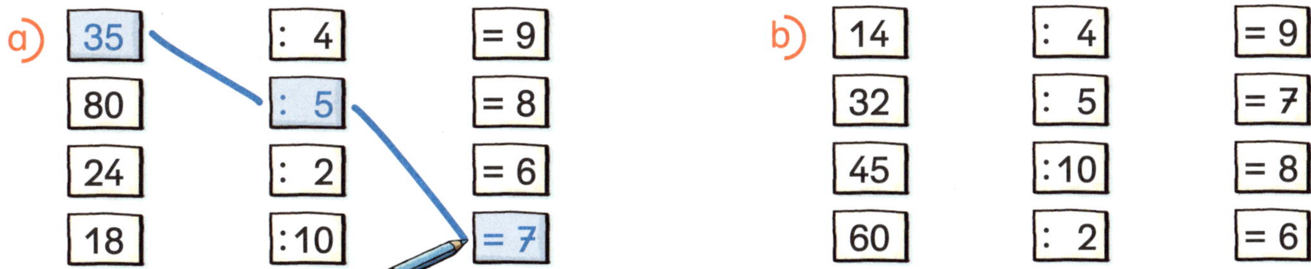

3 Streiche die falschen Ergebnisse durch.

a)

15 : 5 =	~~2~~	~~10~~	3
80 : 10 =	10	8	6
30 : 5 =	6	4	8
20 : 10 =	2	1	5
45 : 5 =	5	9	7
90 : 10 =	10	8	9

b)

28 : 4 =	9	7	5
16 : 2 =	6	4	8
32 : 4 =	2	8	10
8 : 2 =	2	4	8
40 : 4 =	10	5	8
18 : 2 =	7	9	8

c)

27 : 3 =	9	6	7
54 : 6 =	4	9	6
24 : 6 =	3	5	4
18 : 3 =	7	6	4
21 : 3 =	7	8	9
42 : 6 =	9	7	8

4 Male das Kästchen mit dem richtigen Ergebnis aus.

a)

49 : 7 =	7	6	9
64 : 8 =	6	8	9
72 : 8 =	7	6	9
36 : 9 =	4	6	8

b)

32 : 8 =	6	8	4
27 : 9 =	5	3	4
42 : 7 =	8	6	7
40 : 8 =	5	4	6

c)

45 : 9 =	4	5	8
28 : 7 =	4	3	6
24 : 8 =	3	6	4
63 : 7 =	8	9	7

Geteiltaufgaben mit Rest mit Hilfe von Bildern lösen

1 Schreibe zu jedem Bild die passende Geteiltaufgabe.

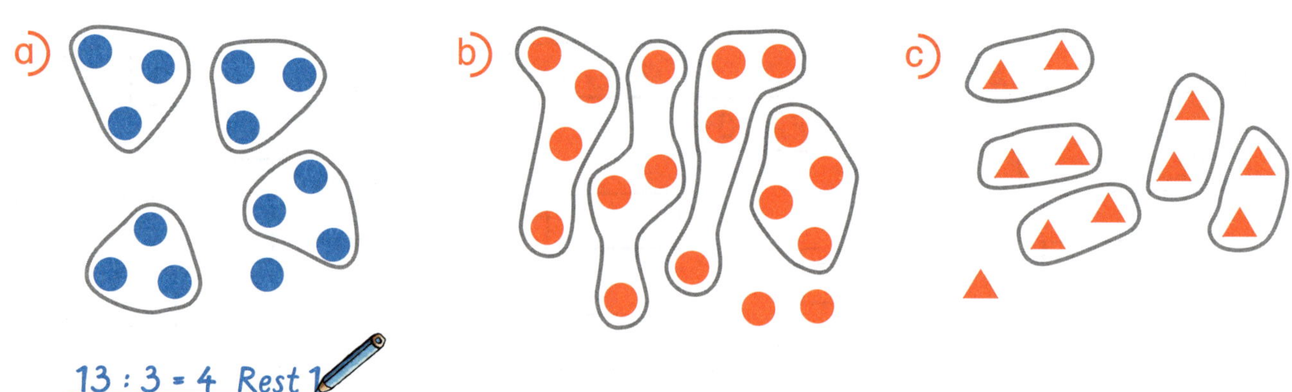

a) 13 : 3 = 4 Rest 1

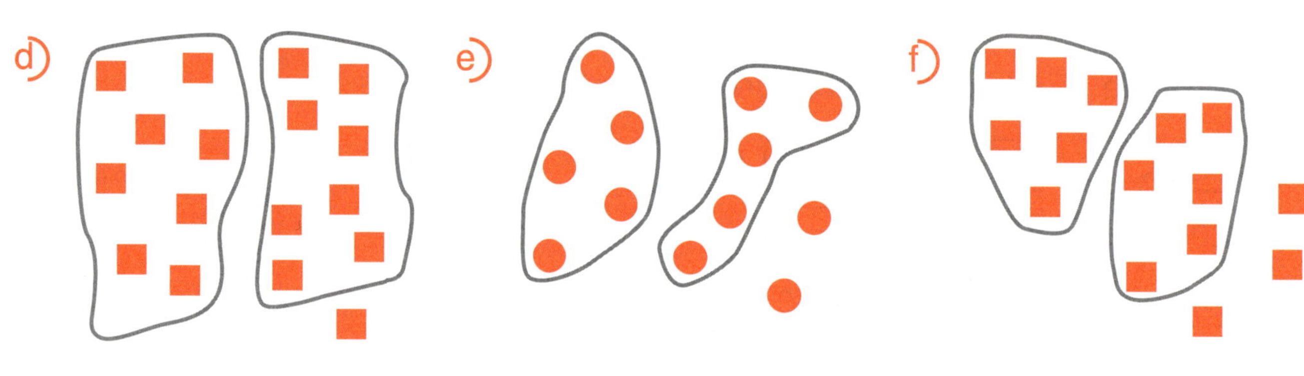

2 Zeichne passende Rechenbilder und löse die Aufgaben.

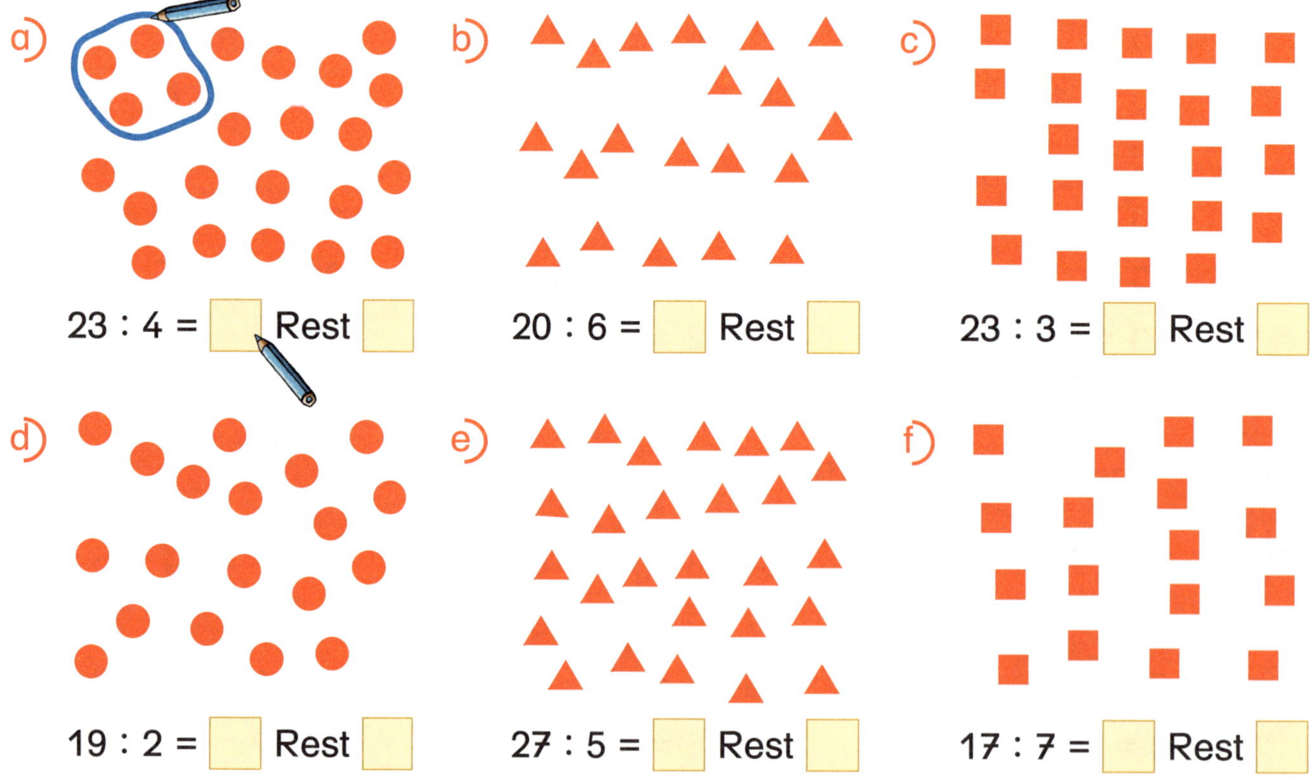

a) 23 : 4 = ☐ Rest ☐

b) 20 : 6 = ☐ Rest ☐

c) 23 : 3 = ☐ Rest ☐

d) 19 : 2 = ☐ Rest ☐

e) 27 : 5 = ☐ Rest ☐

f) 17 : 7 = ☐ Rest ☐

Geteiltaufgaben mit Rest passende Malaufgaben zuordnen

1 Finde zu jeder Geteiltaufgabe die passende Malaufgabe.
Male beide Aufgaben in der gleichen Farbe aus.

17 : 4 = 4 Rest 1

29 : 3 = 9 Rest 2

44 : 10 = 4 Rest 4

20 : 6 = 3 Rest 2

23 : 5 = 4 Rest 3

26 : 8 = 3 Rest 2

42 : 5 = 8 Rest 2

4 · 5 + 3 = 23

7 · 2 + 1 = 15

4 · 10 + 4 = 44

3 · 6 + 2 = 20

4 · 4 + 1 = 17

3 · 8 + 2 = 26

9 · 3 + 2 = 29

8 · 5 + 2 = 42

2 Finde immer erst die passende Malaufgabe.
Ergänze dann die Geteiltaufgabe.

a) 22 : 4 = 5 Rest 2 → 5 · 4 + 2 = 22

b) ___ : 5 = 3 Rest 4 → ___ · ___ + ___ = ___

c) ___ : 3 = 6 Rest 1 → ___ · ___ + ___ = ___

d) ___ : 6 = 5 Rest 4 → ___ · ___ + ___ = ___

e) ___ : 8 = 3 Rest 6 → ___ · ___ + ___ = ___

f) ___ : 7 = 6 Rest 5 → ___ · ___ + ___ = ___

Geteiltaufgaben mit Rest üben

1 Schreibe unter jede Geteiltaufgabe weitere Aufgaben, die eine Lösung mit Rest haben.

a)
14 : 7 = 2
15 : 7 = 2 Rest 1
16 : 7 = ☐ Rest ☐
☐ : 7 = ☐ Rest ☐
☐ : 7 = ☐ Rest ☐

b)
20 : 5 = ☐
☐ : 5 = ☐ Rest ☐
☐ : 5 = ☐ Rest ☐
☐ : 5 = ☐ Rest ☐
☐ : 5 = ☐ Rest ☐

c)
32 : 8 = ☐
☐ : 8 = ☐ Rest ☐
☐ : 8 = ☐ Rest ☐
☐ : 8 = ☐ Rest ☐
☐ : 8 = ☐ Rest ☐

d)
27 : 9 = ☐
☐ : 9 = ☐ Rest ☐
☐ : 9 = ☐ Rest ☐
☐ : 9 = ☐ Rest ☐
☐ : 9 = ☐ Rest ☐

2 Überlege: Welche Zahlen können als Reste vorkommen bei :4, :5, :6?

3 Löse immer zuerst die obere Aufgabe. Trage die Ergebnisse ein.

a) 16 : 4 = 4
19 : 4 = 4 Rest 3

b) 20 : 5 = ☐
23 : 5 = ☐ Rest ☐

c) 18 : 2 = ☐
19 : 2 = ☐ Rest ☐

d) 21 : 3 = ☐
23 : 3 = ☐ Rest ☐

e) 25 : 5 = ☐
27 : 5 = ☐ Rest ☐

f) 18 : 6 = ☐
20 : 6 = ☐ Rest ☐

g) 24 : 8 = ☐
28 : 8 = ☐ Rest ☐

h) 30 : 10 = ☐
34 : 10 = ☐ Rest ☐

i) 12 : 3 = ☐
14 : 3 = ☐ Rest ☐

k) 30 : 6 = ☐
34 : 6 = ☐ Rest ☐

l) 40 : 8 = ☐
43 : 8 = ☐ Rest ☐

m) 15 : 3 = ☐
17 : 3 = ☐ Rest ☐

n) 35 : 5 = ☐
38 : 5 = ☐ Rest ☐

o) 32 : 4 = ☐
34 : 4 = ☐ Rest ☐

p) 21 : 7 = ☐
25 : 7 = ☐ Rest ☐

Zu Rechengeschichten Punktebilder und Aufgaben finden

1 Zeichne zu jeder Rechengeschichten ein Punktebild und schreibe die Aufgabe dazu. Schreibe einen passenden Antwortsatz.

a) Auf dem Parkplatz stehen Autos in Fünferreihen. Drei Reihen sind voll besetzt.

F: Wie viele Autos parken auf dem Parkplatz?

R: $3 \cdot 5 = 15$

A: Auf dem Parkplatz parken 15 Autos.

3 Reihen mit 5 Autos

b) Auf einem Parkplatz parken 24 Autos in vier Reihen. In jeder Reihe stehen gleich viele Autos.

F: Wie viele Autos stehen in jeder Reihe?

R:

A:

c) Auf einem Parkplatz stehen 40 Autos in Achterreihen.

F: Wie viele Reihen sind besetzt?

R:

A:

d) Auf einem Parkplatz parken Autos in fünf Reihen. In jeder Reihe stehen sechs Autos.

F: Wie viele Autos parken dort?

R:

A:

Rechtecke, Quadrate, Dreiecke und Kreise erkennen

1 Löse die Figurenrätsel.

2 Schreibe selbst ein Figurenrätsel.

3 Male aus: Kreise rot, Dreiecke blau, Quadrate gelb, Rechtecke grün.

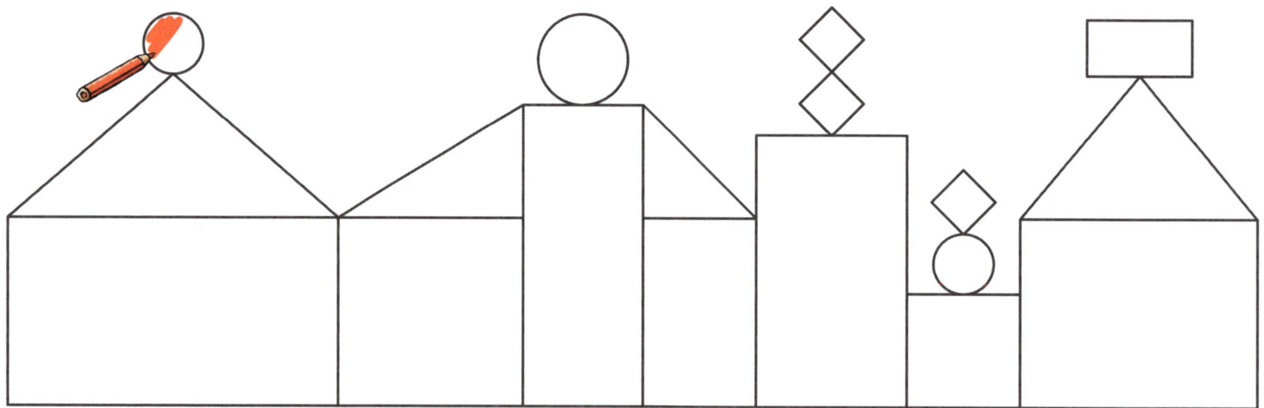

4 Male selbst ein Gebäude, ein Fahrzeug oder etwas anderes aus Quadraten, Rechtecken, Dreiecken und Kreisen.

Flächen von Quadraten und Rechtecken zerlegen

1 Zerlege das Quadrat auf verschiedene Weise in zwei gleich große Flächen.

  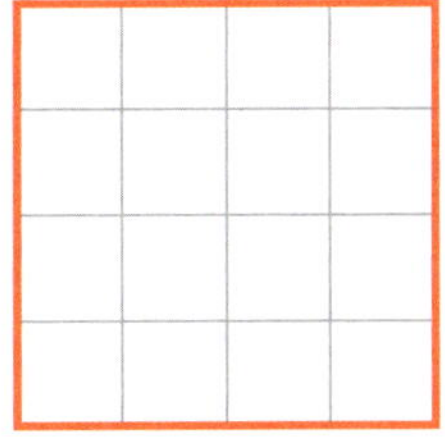 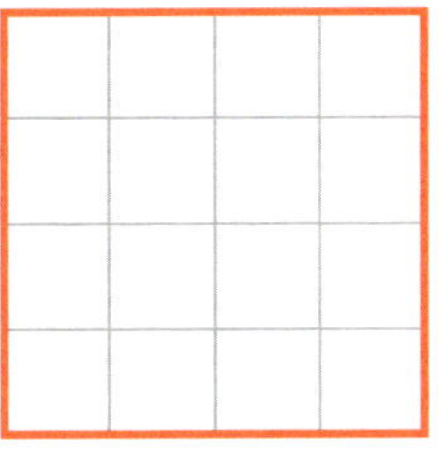

2 Zerlege das Rechteck auf verschiedene Weise in zwei gleich große Flächen.

  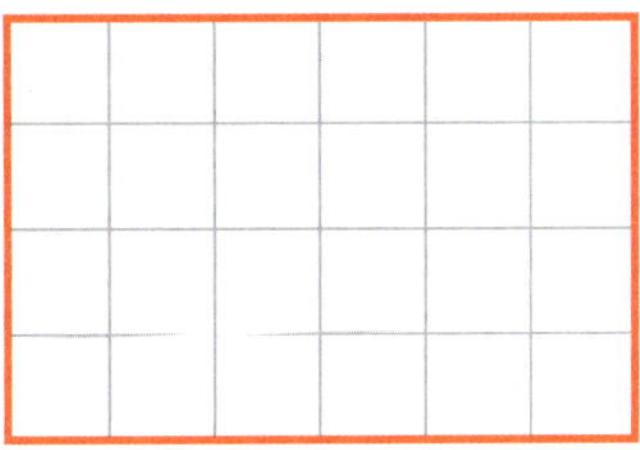

3 Zeichne ein Rechteck, das den gleichen Flächeninhalt hat wie die vorgegebene Figur.

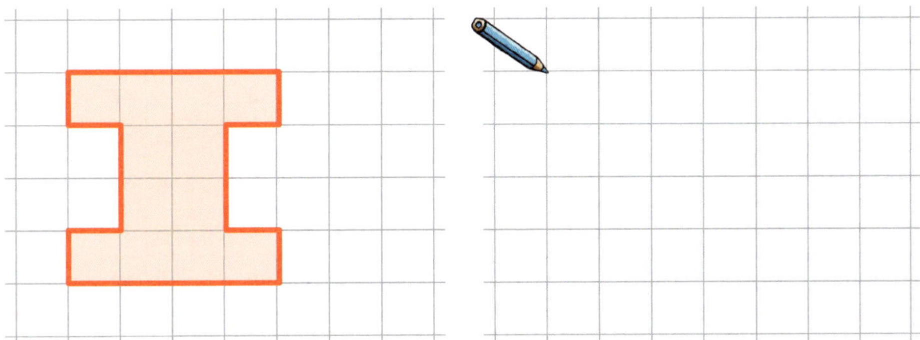

4 Zeichne ein Quadrat, das den gleichen Flächeninhalt hat wie die vorgegebene Figur.

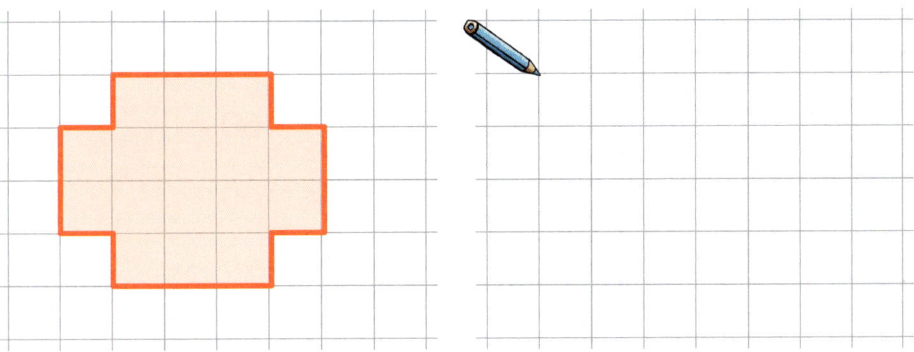

Plus- und Minusaufgaben ablesen und einzeichnen

1 Lies die Plus- und Minusaufgaben ab.

a)

1	2	3	4	5	6	7	8	9	10
11	12	13	14	15	16	17	18	19	20
21	22	23	24	25	26	27	28	29	30
31	32	33	34	35	36	37	38	39	40
41	42	43	44	45	46	47	48	49	50
51	52	53	54	55	56	57	58	59	60
61	62	63	64	65	66	67	68	69	70
71	72	73	74	75	76	77	78	79	80
81	82	83	84	85	86	87	88	89	90
91	92	93	94	95	96	97	98	99	100

41 + 30 = 71

☐ + ☐ = ☐

☐ + ☐ = ☐

☐ + ☐ = ☐

☐ + ☐ = ☐

b)

1	2	3	4	5	6	7	8	9	10
11	12	13	14	15	16	17	18	19	20
21	22	23	24	25	26	27	28	29	30
31	32	33	34	35	36	37	38	39	40
41	42	43	44	45	46	47	48	49	50
51	52	53	54	55	56	57	58	59	60
61	62	63	64	65	66	67	68	69	70
71	72	73	74	75	76	77	78	79	80
81	82	83	84	85	86	87	88	89	90
91	92	93	94	95	96	97	98	99	100

☐ − ☐ = ☐

☐ − ☐ = ☐

☐ − ☐ = ☐

☐ − ☐ = ☐

☐ − ☐ = ☐

2 Zeichne die Plus- und Minusaufgaben ein und löse sie.

a)

1	2	3	4	5	6	7	8	9	10
11	12	13	14	15	16	17	18	19	20
21	22	23	24	25	26	27	28	29	30
31	32	33	34	35	36	37	38	39	40
41	42	43	44	45	46	47	48	49	50
51	52	53	54	55	56	57	58	59	60
61	62	63	64	65	66	67	68	69	70
71	72	73	74	75	76	77	78	79	80
81	82	83	84	85	86	87	88	89	90
91	92	93	94	95	96	97	98	99	100

23 + 30 = 53

16 + 60 = ☐

51 + 30 = ☐

29 + 40 = ☐

57 + 30 = ☐

b)

1	2	3	4	5	6	7	8	9	10
11	12	13	14	15	16	17	18	19	20
21	22	23	24	25	26	27	28	29	30
31	32	33	34	35	36	37	38	39	40
41	42	43	44	45	46	47	48	49	50
51	52	53	54	55	56	57	58	59	60
61	62	63	64	65	66	67	68	69	70
71	72	73	74	75	76	77	78	79	80
81	82	83	84	85	86	87	88	89	90
91	92	93	94	95	96	97	98	99	100

51 − 20 = ☐

64 − 60 = ☐

77 − 50 = ☐

99 − 40 = ☐

85 − 30 = ☐

Plusaufgaben in der Hundertertafel in Schritten lösen

1 Lies die beiden Rechenschritte ab und schreibe sie auf.

a)

1	2	3	4	5	6	7	8	9	10
11	12	13	14	15	16	17	18	19	20
21	22	23	24	25	26	27	28	29	30
31	32	33	34	35	36	37	38	39	40
41	42	43	44	45	46	47	48	49	50
51	52	53	54	55	56	57	58	59	60
61	62	63	64	65	66	67	68	69	70
71	72	73	74	75	76	77	78	79	80
81	82	83	84	85	86	87	88	89	90
91	92	93	94	95	96	97	98	99	100

31 + 20 = 51

51 + 6 = ☐

31 + 26 = 57

1	2	3	4	5	6	7	8	9	10
11	12	13	14	15	16	17	18	19	20
21	22	23	24	25	26	27	28	29	30
31	32	33	34	35	36	37	38	39	40
41	42	43	44	45	46	47	48	49	50
51	52	53	54	55	56	57	58	59	60
61	62	63	64	65	66	67	68	69	70
71	72	73	74	75	76	77	78	79	80
81	82	83	84	85	86	87	88	89	90
91	92	93	94	95	96	97	98	99	100

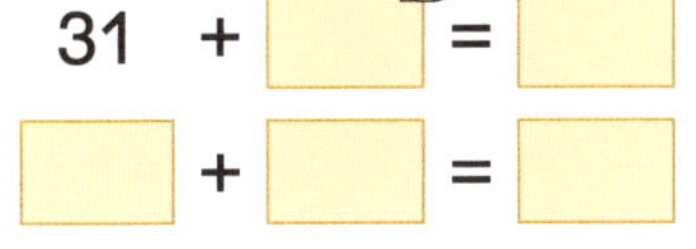

31 + ☐ = ☐

☐ + ☐ = ☐

b)

1	2	3	4	5	6	7	8	9	10
11	12	13	14	15	16	17	18	19	20
21	22	23	24	25	26	27	28	29	30
31	32	33	34	35	36	37	38	39	40
41	42	43	44	45	46	47	48	49	50
51	52	53	54	55	56	57	58	59	60
61	62	63	64	65	66	67	68	69	70
71	72	73	74	75	76	77	78	79	80
81	82	83	84	85	86	87	88	89	90
91	92	93	94	95	96	97	98	99	100

42 + ☐ = ☐

☐ + ☐ = ☐

42 + 35 = 77

1	2	3	4	5	6	7	8	9	10
11	12	13	14	15	16	17	18	19	20
21	22	23	24	25	26	27	28	29	30
31	32	33	34	35	36	37	38	39	40
41	42	43	44	45	46	47	48	49	50
51	52	53	54	55	56	57	58	59	60
61	62	63	64	65	66	67	68	69	70
71	72	73	74	75	76	77	78	79	80
81	82	83	84	85	86	87	88	89	90
91	92	93	94	95	96	97	98	99	100

42 + ☐ = ☐

☐ + ☐ = ☐

2 Zeichne die beiden Rechenschritte ein.

26 + 40 = 66

66 + 2 = 68

1	2	3	4	5	6	7	8	9	10
11	12	13	14	15	16	17	18	19	20
21	22	23	24	25	26	27	28	29	30
31	32	33	34	35	36	37	38	39	40
41	42	43	44	45	46	47	48	49	50
51	52	53	54	55	56	57	58	59	60
61	62	63	64	65	66	67	68	69	70
71	72	73	74	75	76	77	78	79	80
81	82	83	84	85	86	87	88	89	90
91	92	93	94	95	96	97	98	99	100

26 + 42 = 68

26 + 2 = 28

28 + 40 = 68

1	2	3	4	5	6	7	8	9	10
11	12	13	14	15	16	17	18	19	20
21	22	23	24	25	26	27	28	29	30
31	32	33	34	35	36	37	38	39	40
41	42	43	44	45	46	47	48	49	50
51	52	53	54	55	56	57	58	59	60
61	62	63	64	65	66	67	68	69	70
71	72	73	74	75	76	77	78	79	80
81	82	83	84	85	86	87	88	89	90
91	92	93	94	95	96	97	98	99	100

Plusaufgaben am Rechenstrich in Schritten lösen

1 Rechne mit deinem Rechenweg.
Zeichne deine beiden Rechenschritte ein.

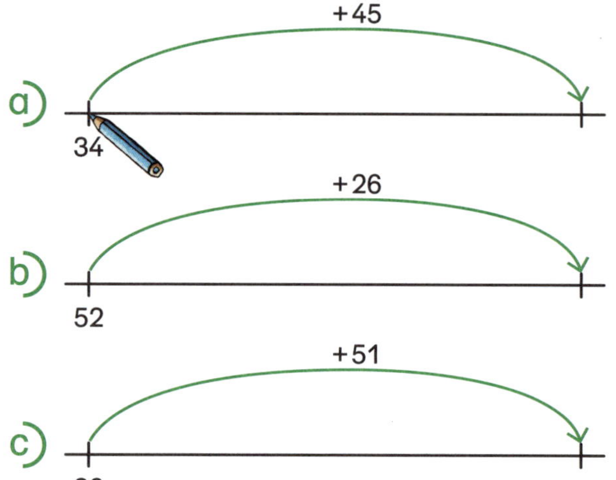

c) +51, 26

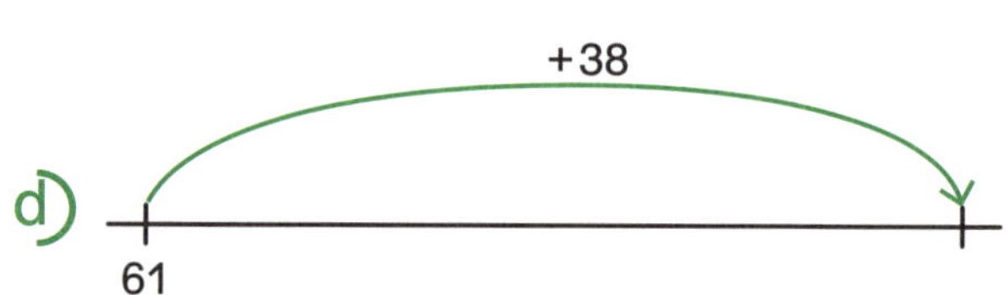

2 Rechne mit deinem Rechenweg. Schreibe deine Rechenschritte auf.
Du kannst auch am Rechenstrich zeichnen.

a) 25 + 43 = ☐

☐ + ☐ = ☐

☐ + ☐ = ☐

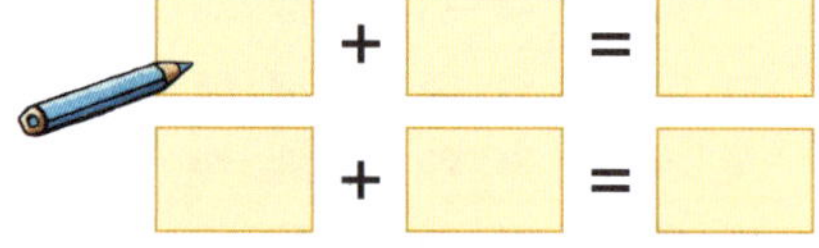

b) 52 + 36 = ☐

☐ + ☐ = ☐

☐ + ☐ = ☐

52

c) 43 + 34 = ☐

☐ + ☐ = ☐

☐ + ☐ = ☐

43

3 Rechne im Kopf. Trage nur die Ergebnisse ein.

a) 61 + 28 = ☐
34 + 35 = ☐
56 + 41 = ☐

b) 42 + 23 = ☐
71 + 17 = ☐
25 + 52 = ☐

c) 56 + 33 = ☐
34 + 22 = ☐
62 + 16 = ☐

d) 71 + 23 = ☐
41 + 58 = ☐
13 + 62 = ☐

1 Ergänze die Rechenmauern.

2 Verbinde Aufgaben mit dem gleichen Ergebnis.

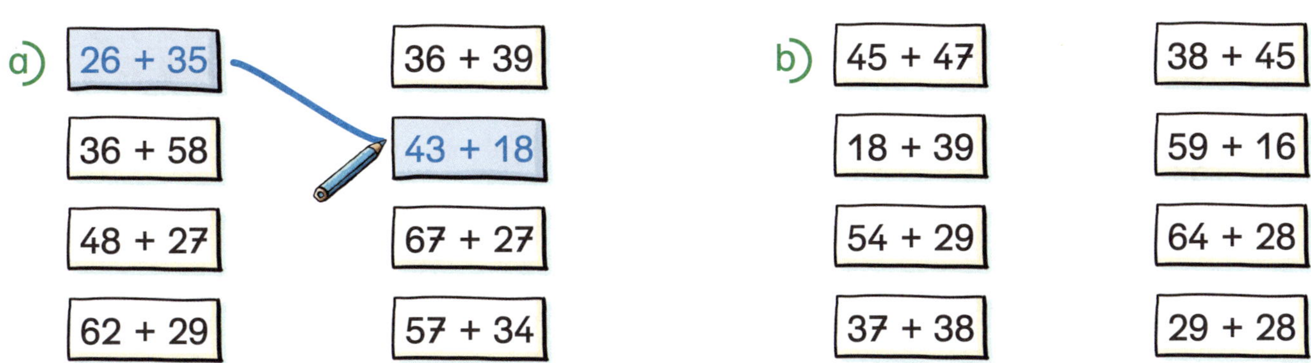

3 Schreibe alle möglichen Plusaufgaben auf und löse sie.

17		25
38	+	53
46		27

17 + 25 = ___

___ + ___ = ___

___ + ___ = ___

___ + ___ = ___

___ + ___ = ___

___ + ___ = ___

___ + ___ = ___

___ + ___ = ___

___ + ___ = ___

1 Lies die beiden Rechenschritte ab und schreibe sie auf.

a)

1	2	3	4	5	6	7	8	9	10
11	12	13	14	15	16	17	18	19	20
21	22	23	24	25	26	27	28	29	30
31	32	33	34	35	36	37	38	39	40
41	42	43	44	45	46	47	48	49	50
51	52	53	54	55	56	57	58	59	60
61	62	63	64	65	66	67	68	69	70
71	72	73	74	75	76	77	78	79	80
81	82	83	84	85	86	87	88	89	90
91	92	93	94	95	96	97	98	99	100

65 − 20 = 45

45 − 2 = ___

65 − 22 = 43

1	2	3	4	5	6	7	8	9	10
11	12	13	14	15	16	17	18	19	20
21	22	23	24	25	26	27	28	29	30
31	32	33	34	35	36	37	38	39	40
41	42	43	44	45	46	47	48	49	50
51	52	53	54	55	56	57	58	59	60
61	62	63	64	65	66	67	68	69	70
71	72	73	74	75	76	77	78	79	80
81	82	83	84	85	86	87	88	89	90
91	92	93	94	95	96	97	98	99	100

65 − ___ = ___

___ − ___ = ___

b)

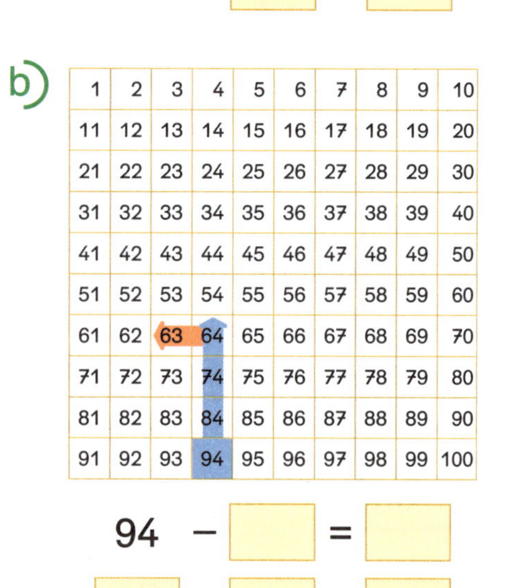

1	2	3	4	5	6	7	8	9	10
11	12	13	14	15	16	17	18	19	20
21	22	23	24	25	26	27	28	29	30
31	32	33	34	35	36	37	38	39	40
41	42	43	44	45	46	47	48	49	50
51	52	53	54	55	56	57	58	59	60
61	62	63	64	65	66	67	68	69	70
71	72	73	74	75	76	77	78	79	80
81	82	83	84	85	86	87	88	89	90
91	92	93	94	95	96	97	98	99	100

94 − ___ = ___

___ − ___ = ___

94 − 31 = 63

1	2	3	4	5	6	7	8	9	10
11	12	13	14	15	16	17	18	19	20
21	22	23	24	25	26	27	28	29	30
31	32	33	34	35	36	37	38	39	40
41	42	43	44	45	46	47	48	49	50
51	52	53	54	55	56	57	58	59	60
61	62	63	64	65	66	67	68	69	70
71	72	73	74	75	76	77	78	79	80
81	82	83	84	85	86	87	88	89	90
91	92	93	94	95	96	97	98	99	100

94 − ___ = ___

___ − ___ = ___

2 Zeichne die beiden Rechenschritte ein.

87 − 30 = 57
57 − 5 = 52

1	2	3	4	5	6	7	8	9	10
11	12	13	14	15	16	17	18	19	20
21	22	23	24	25	26	27	28	29	30
31	32	33	34	35	36	37	38	39	40
41	42	43	44	45	46	47	48	49	50
51	52	53	54	55	56	57	58	59	60
61	62	63	64	65	66	67	68	69	70
71	72	73	74	75	76	77	78	79	80
81	82	83	84	85	86	87	88	89	90
91	92	93	94	95	96	97	98	99	100

87 − 35 = 52

87 − 5 = 82
82 − 30 = 52

1	2	3	4	5	6	7	8	9	10
11	12	13	14	15	16	17	18	19	20
21	22	23	24	25	26	27	28	29	30
31	32	33	34	35	36	37	38	39	40
41	42	43	44	45	46	47	48	49	50
51	52	53	54	55	56	57	58	59	60
61	62	63	64	65	66	67	68	69	70
71	72	73	74	75	76	77	78	79	80
81	82	83	84	85	86	87	88	89	90
91	92	93	94	95	96	97	98	99	100

Minusaufgaben am Rechenstrich in Schritten lösen

1 Rechne mit deinem Rechenweg.
Zeichne deine beiden Rechenschritte ein.

Was ist für mich leichter? Zuerst die Zehner weg oder zuerst die Einer weg?

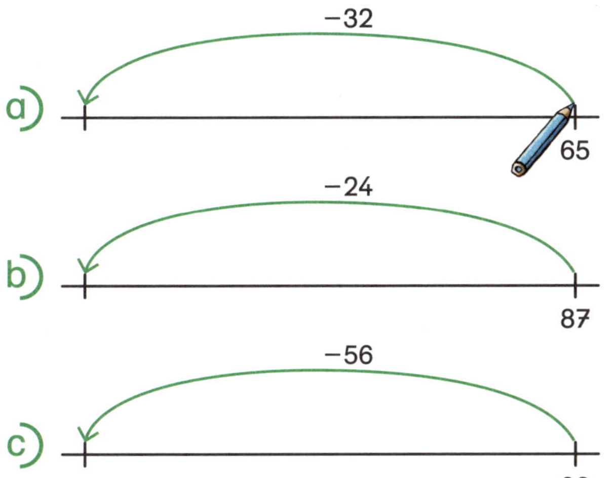

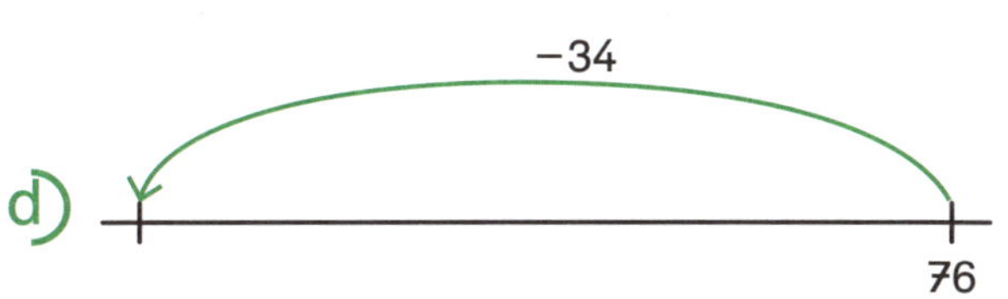

2 Rechne mit deinem Rechenweg. Schreibe deine Rechenschritte auf.
Du kannst auch am Rechenstrich zeichnen.

a) 95 − 31 = ☐

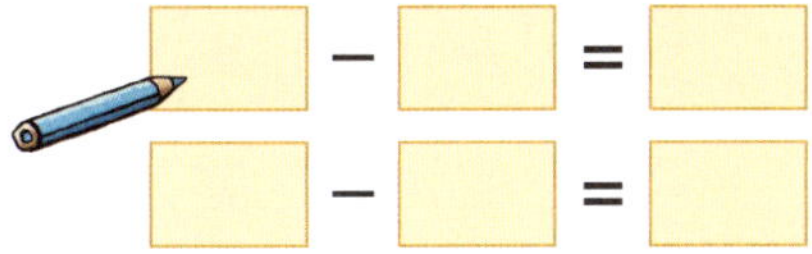

b) 54 − 22 = ☐

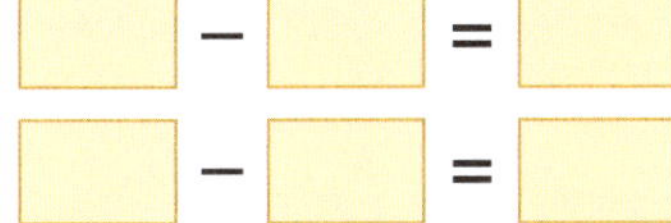

54

c) 56 − 34 = ☐

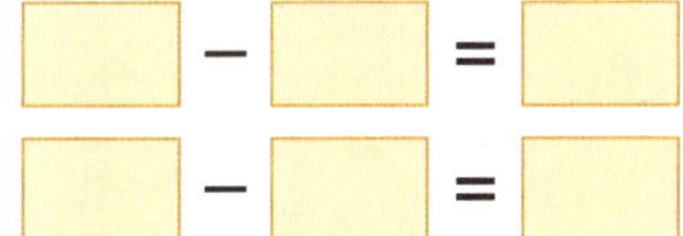

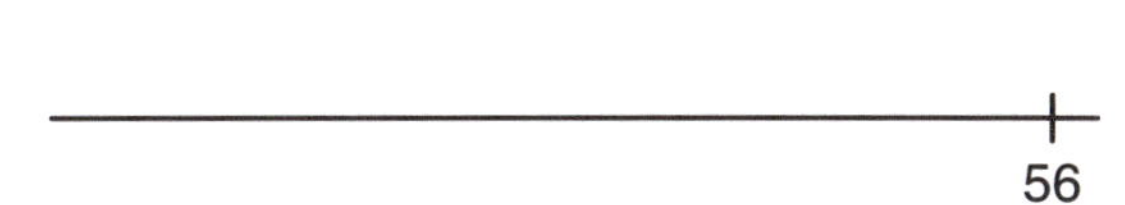

3 Rechne im Kopf. Trage nur die Ergebnisse ein.

a)	b)	c)	d)
75 − 42 = ☐	48 − 23 = ☐	56 − 23 = ☐	75 − 33 = ☐
38 − 24 = ☐	69 − 17 = ☐	94 − 62 = ☐	49 − 18 = ☐
56 − 31 = ☐	97 − 52 = ☐	66 − 41 = ☐	88 − 72 = ☐

Minusaufgaben üben

1 Verbinde Aufgaben mit dem gleichen Ergebnis.

a)

62 – 28	91 – 65
81 – 36	83 – 66
43 – 17	73 – 39
56 – 39	62 – 17

b)

93 – 57	92 – 33
72 – 24	64 – 28
81 – 22	85 – 37
64 – 37	73 – 46

2 Schreibe alle möglichen Minusaufgaben auf und löse sie.

3 Ergänze die Rechenmauern.

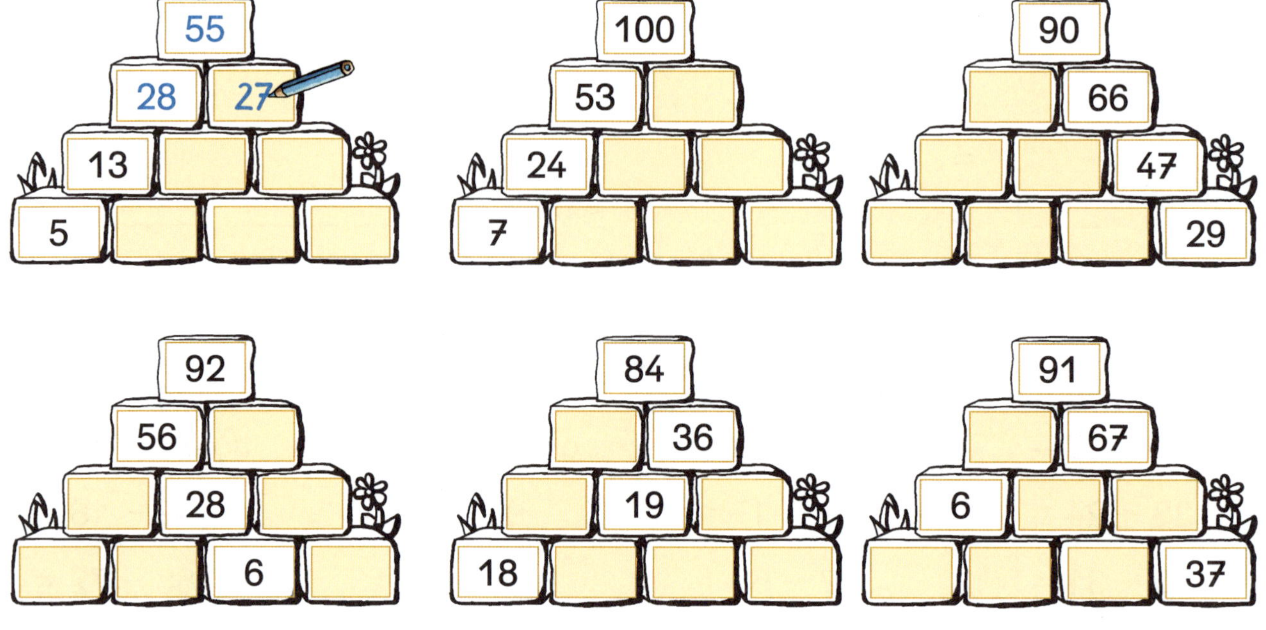

Plus- und Minusaufgaben üben, Ergebnisse überprüfen

1 Löse die Aufgaben. Überprüfe mit der Überschlagsrechnung, ob dein Ergebnis stimmen kann.

a) 27 + 34 = 61
30 + 30 = 60

b) 48 + 24 = ___
___ + ___ = ___

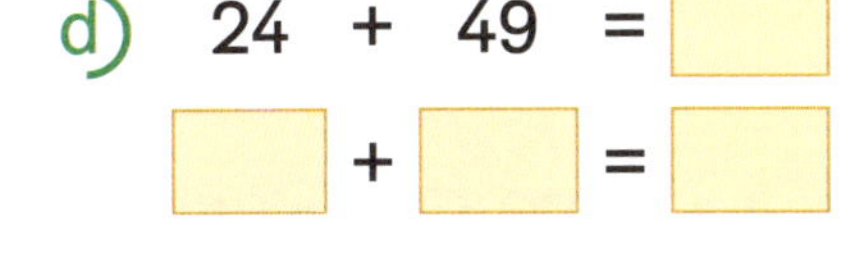

c) 69 + 27 = ___
___ + ___ = ___

d) 24 + 49 = ___
___ + ___ = ___

e) 76 − 28 = ___
___ − ___ = ___

f) 81 − 37 = ___
___ − ___ = ___

g) 93 − 29 = ___
___ − ___ = ___

2 Rechne die Überschlagsrechnung im Kopf.
Finde so schnell die falschen Ergebnisse. Streiche diese durch.
Tipp: In jedem Päckchen sind zwei Aufgaben falsch.

a)	b)	c)	d)
23 + 49 = 72	53 + 38 = 91	72 − 24 = 48	92 − 48 = 34
34 + 58 = ~~82~~	37 + 44 = 81	85 − 56 = 39	53 − 34 = 19
37 + 54 = 91	68 + 24 = 82	67 − 28 = 39	81 − 53 = 28
48 + 33 = 71	49 + 32 = 91	93 − 49 = 54	62 − 39 = 33
19 + 64 = 83	73 + 19 = 92	51 − 37 = 14	77 − 28 = 49

3 Löse die Aufgaben. Überprüfe die Ergebnisse genau.
Bilde dazu die Umkehraufgaben.

a)
35 + 17 = 52, denn 52 − 17 = 35
28 + 34 = ___, denn ___
53 + 18 = ___, denn ___
68 + 25 = ___, denn ___
49 + 16 = ___, denn ___

b)
72 − 36 = ___, denn ___
51 − 17 = ___, denn ___
83 − 25 = ___, denn ___
94 − 28 = ___, denn ___
65 − 27 = ___, denn ___

Plus-, Minus-, Mal-, Geteiltaufgaben erkennen

1 Ordne den Rechengeschichten + oder − zu.
Finde passende Plus- und Minusaufgaben.

a) Lisa hat 28 Tierpostkarten.
Sie bekommt von Julia noch 13 geschenkt.

b) Tim hat 31 Tierpostkarten. Er schenkt Paul 5 davon. ◯ ______

c) Max hat 21 Tierpostkarten. Ole hat 12 weniger. ◯ ______

d) Anne hat 15 Tierpostkarten mehr als Lea.
Lea hat 18 Tierpostkarten. ◯ ______

e) Maja hat ihre Tierpostkarten in zwei Briefumschläge verpackt. In einem Umschlag sind 14 Postkarten, im anderen 22. ◯ ______

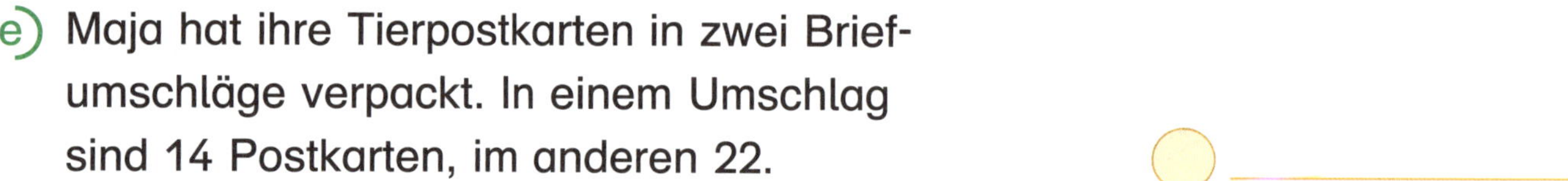

2 Ordne den Rechengeschichten · oder : zu.
Finde passende Mal- und Geteiltaufgaben.

a) Max hat seine Postkarten sortiert.
Er hat 3 Stapel mit je 7 Postkarten.

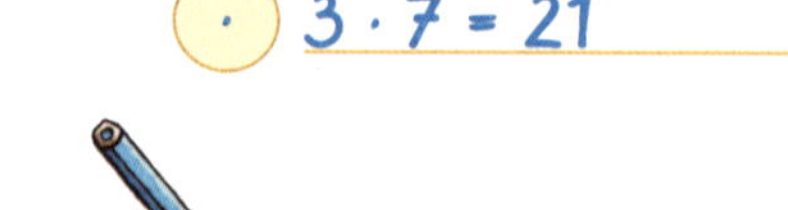

b) Paul hat 8 Postkarten doppelt.
Diese verteilt er an 2 Freunde. ◯ ______

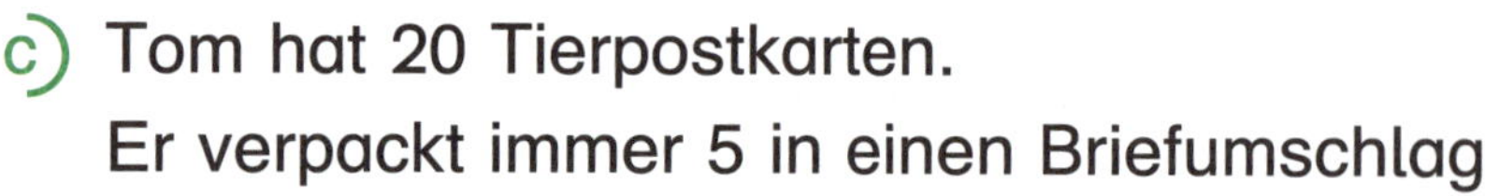

c) Tom hat 20 Tierpostkarten.
Er verpackt immer 5 in einen Briefumschlag. ◯ ______

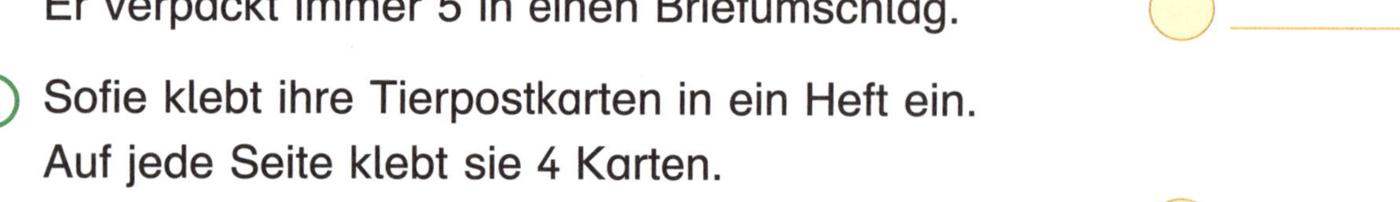

d) Sofie klebt ihre Tierpostkarten in ein Heft ein.
Auf jede Seite klebt sie 4 Karten.
7 Seiten sind schon voll. ◯ ______

Informationen in einer Tabelle darstellen

1 Stelle die Informationen in der Tabelle dar.

a) Trage die Umfrageergebnisse in der Tabelle ein.
Fülle die Spalten für die Klassen 1a und 2a aus.

Haustier	Klasse 1a	Klasse 2a	gesamt
Hund	5		
Katze			
Hamster			
Meerschweinchen			
Vogel			
kein Haustier			

b) Berechne die fehlenden Zahlen für die Spalte „gesamt" und trage sie ein.

2 Die Tabelle enthält viele Informationen.
Schreibe in Sätzen auf, was du ablesen kannst.

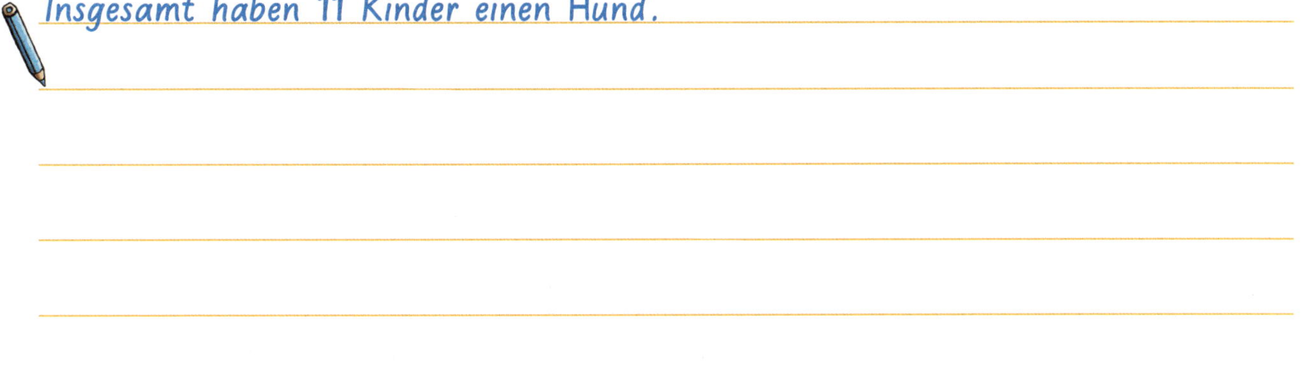

Körper im Alltag entdecken

1 Finde in dem Bild Gegenstände, die ähnliche Formen wie Quader, Würfel, Kugel und Zylinder haben. Verbinde mit der passenden Farbe.

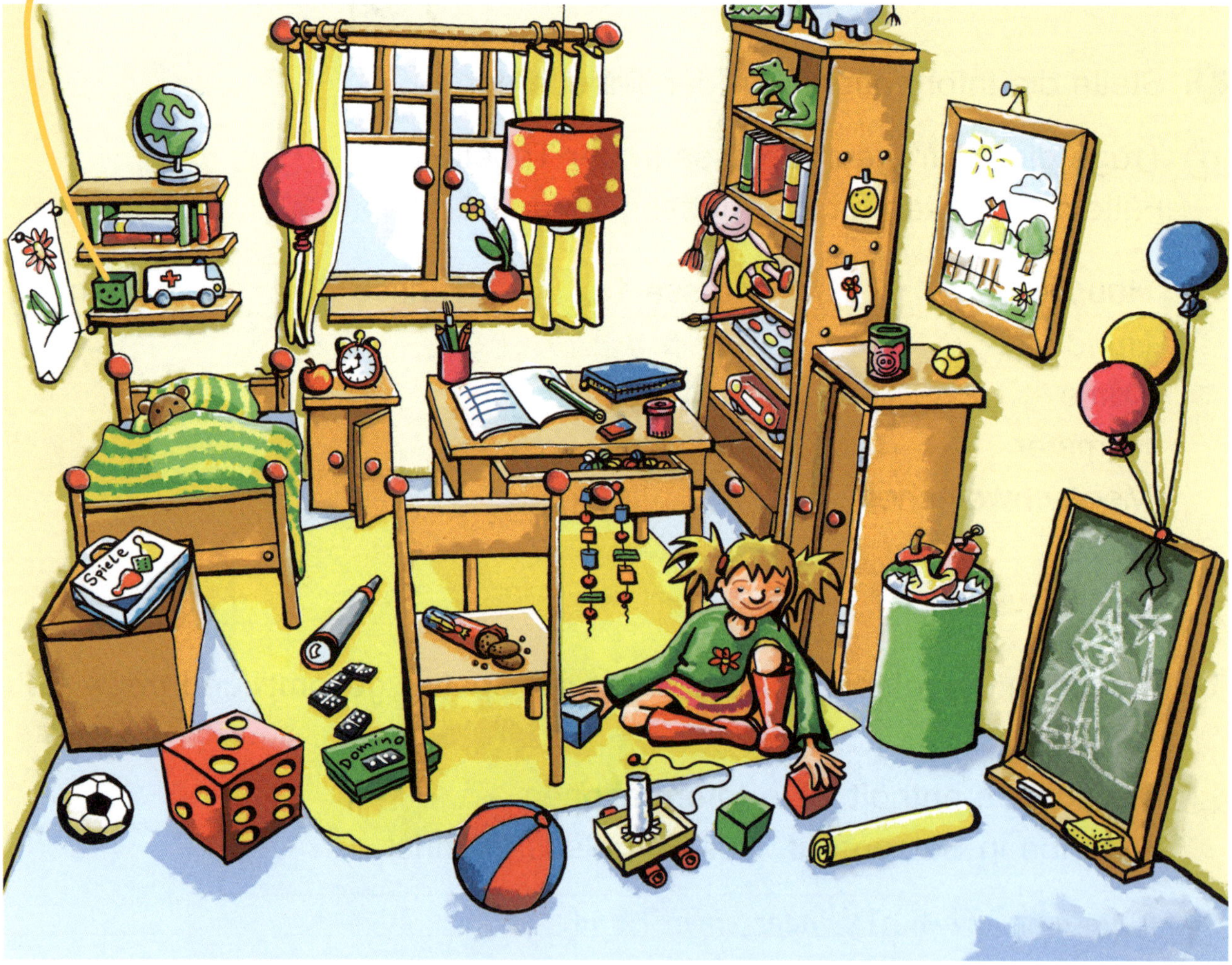

Würfel | Quader | Kugel | Zylinder

Mit Steckwürfeln bauen

1 Bestimme die Anzahl der Einzelwürfel.

Bauwerk A ☐ Bauwerk B ☐ Bauwerk C ☐

2 Ordne die Baupläne den Bauwerken zu.
Ergänze den fehlenden Bauplan.

3	4	3
3	2	3
1	1	1

Bauwerk ___

4	4	4
3	3	3
2	2	2

Bauwerk ___

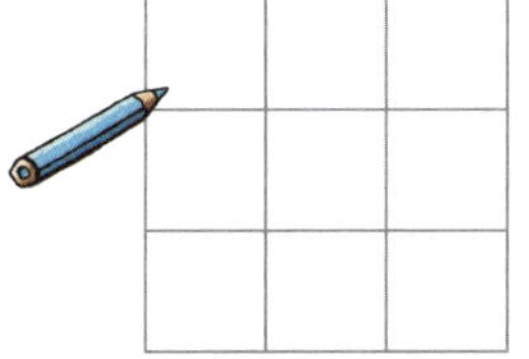

Bauwerk ___

3 Ordne die Ansichten den Bauwerken zu.

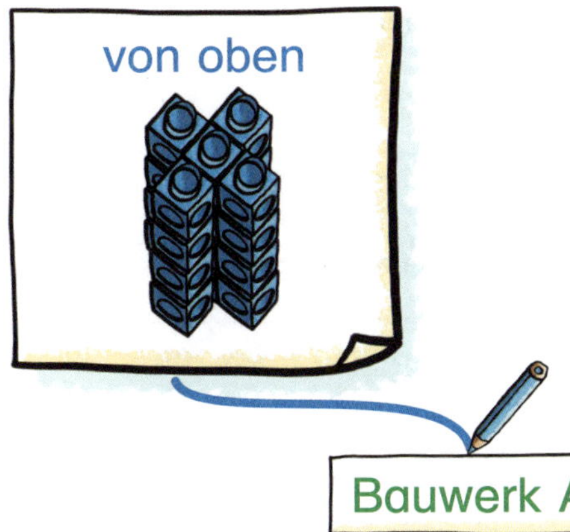

Bauwerk A Bauwerk B Bauwerk C

Geldbeträge ermitteln und zusammenstellen

1 Ermittle in jeder Zeile den Gesamtbetrag.

50	20	10	5	2 Euro	1 Euro	50 Cent	20 Cent	10 Cent	5 Cent	Gesamtbetrag
1	–	1	2	–	–	–	–	–	–	70 €
–	3	2	–	–	–	–	–	–	–	
1	1	–	4	–	–	–	–	–	–	
–	1	1	1	1	1	–	–	–	–	
1	1	–	2	2	1	–	–	–	–	
–	2	1	2	3	1	1	–	–	–	
1	–	1	1	1	1	1	1	–	–	
–	2	1	2	3	1	2	1	1	–	
–	–	1	4	2	2	2	3	–	1	

2 Lege mit Rechengeld auf zwei verschiedene Arten, wie du die Kleidungsstücke bezahlen kannst. Trage deine gefundenen Möglichkeiten ein.

	50	20	10	5	2 Euro	1 Euro	50 Cent	20 Cent	10 Cent	5 Cent
94,– €	1	2	–	–	1	2	–	–	–	–
13 €										
24,80 €										
45,95 €										

Einkaufssituationen gestalten und berechnen

1 Ergänze die Tabellen.

a)

Ich kaufe	Ich muss bezahlen
Dino und Puppe	*39 Euro*

b)

Ich möchte kaufen	Preis	Ich habe	Ich muss noch sparen
Teddy	*15 Euro*	14 Euro	*1 Euro*
Ritterburg		14 Euro	
Auto-Rennbahn		14 Euro	
Bagger		14 Euro	

c)

Ich kaufe	Preis	Ich gebe	Ich bekomme zurück
Spiele-Sammlung	*26 Euro*	50 Euro	*24 Euro*
Lego		50 Euro	
Dino		50 Euro	
Elefant		50 Euro	
Fußball		50 Euro	

Uhrzeiger einzeichnen

1 Zeichne den Minutenzeiger ein.

a)

9.20 Uhr | 14.35 Uhr | 18.05 Uhr | 6.40 Uhr

b)

15.48 Uhr | 12.22 Uhr | 1.14 Uhr | 23.06 Uhr

2 Zeichne den Stundenzeiger und den Minutenzeiger ein.

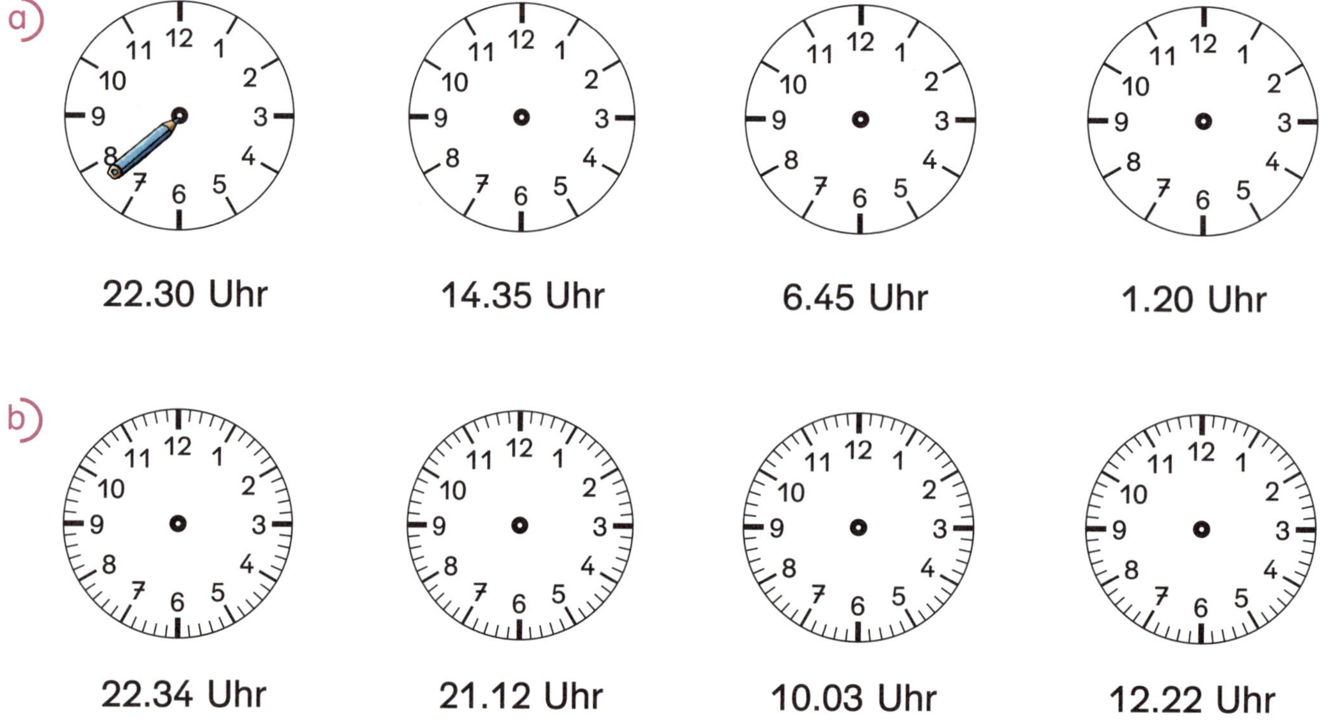

a)

22.30 Uhr | 14.35 Uhr | 6.45 Uhr | 1.20 Uhr

b)

22.34 Uhr | 21.12 Uhr | 10.03 Uhr | 12.22 Uhr

Zeitpunkte berechnen

1 Trage die richtige Zeigerstellung ein.
Lies immer beide Uhrzeiten ab und schreibe sie auf.

a) 9.00 Uhr oder 21.00 Uhr — 2 Stunden früher  — 11.00 Uhr oder 23.00 Uhr

b) ______ oder ______ — 2 Stunden später  — ______ oder ______

c) ______ oder ______ — 30 Minuten früher  — ______ oder ______

d) ______ oder ______ — 5 Minuten später  — ______ oder ______

2 Berechne die Uhrzeiten.

a) vor 2 Stunden: ______ oder ______

b) in 4 Stunden: ______ oder ______

c) vor 15 Minuten: ______ oder ______

d) in 30 Minuten: ______ oder ______

e) vor 1 Stunde und 30 Minuten: ______ oder ______

f) in 2 Stunden und 15 Minuten: ______ oder ______

Längeneinheiten und Längenangaben zuordnen

1 Entscheide, ob die Aussage stimmt und kreuze an.

	stimmt	stimmt nicht
Ein Auto ist länger als 10 m.		×
Mein Mäppchen ist länger als 10 cm.		
Unser Klassenzimmer ist 5 m hoch.		
Mein Bleistift ist kürzer als 30 cm.		
Meine Schritte sind größer als 1 m.		
Mein Füller ist länger als 10 cm.		

2 Setze m oder cm passend ein.

a) Die Klassenzimmertür ist ungefähr 1 m___ breit.

b) Mein Stuhl ist ungefähr 45 ___ hoch.

c) Das Plakat an der Wand ist 72 ___ hoch und 56 ___ breit.

d) Das Buch ist ungefähr 3 ___ dick.

e) Der Baum ist ungefähr 20 ___ hoch.

f) Der Schreibtisch ist 1 ___ 20 ___ lang.

3 Ordne die Längenangaben zu und trage ein.

~~4 m~~ | 1 m | 10 m | 100 m | 8 cm | 30 cm | 1 cm | 12 cm

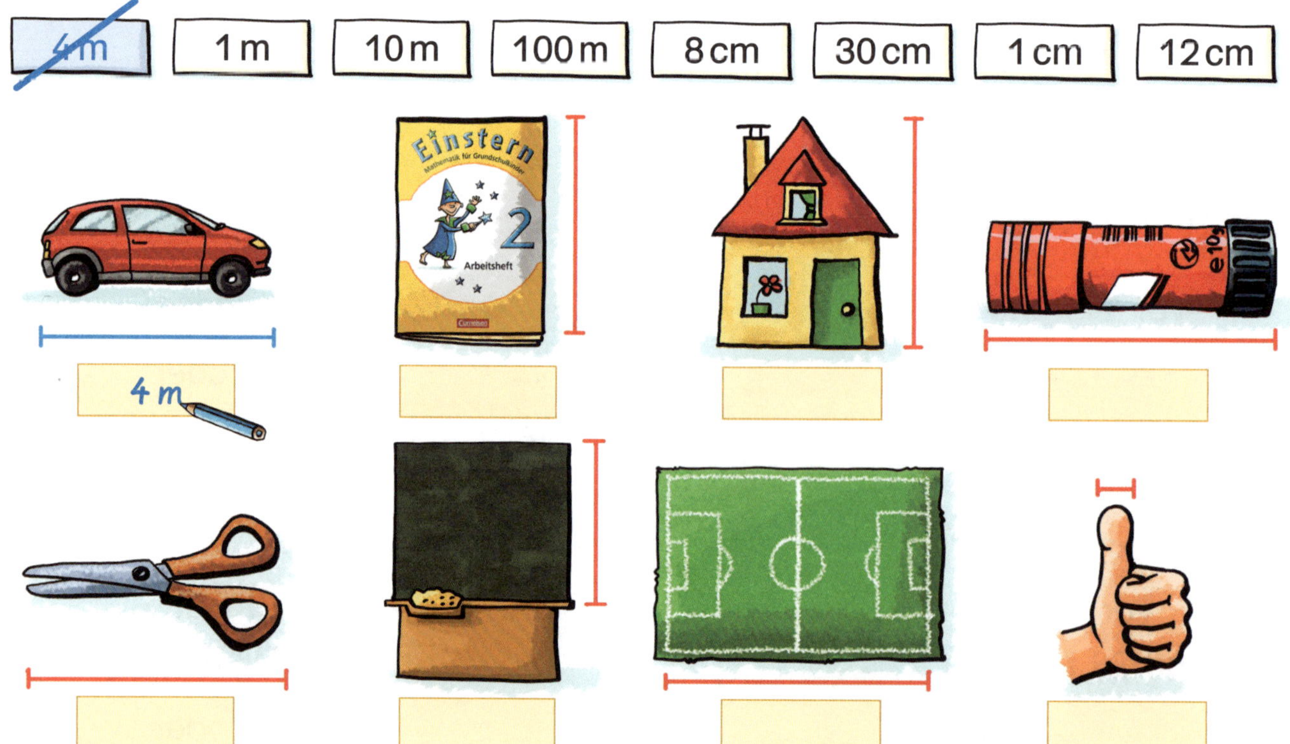

Längen schätzen und vergleichen

1 Schätze, wie lang diese Verkehrsmittel ungefähr in Wirklichkeit sind. Verbinde.

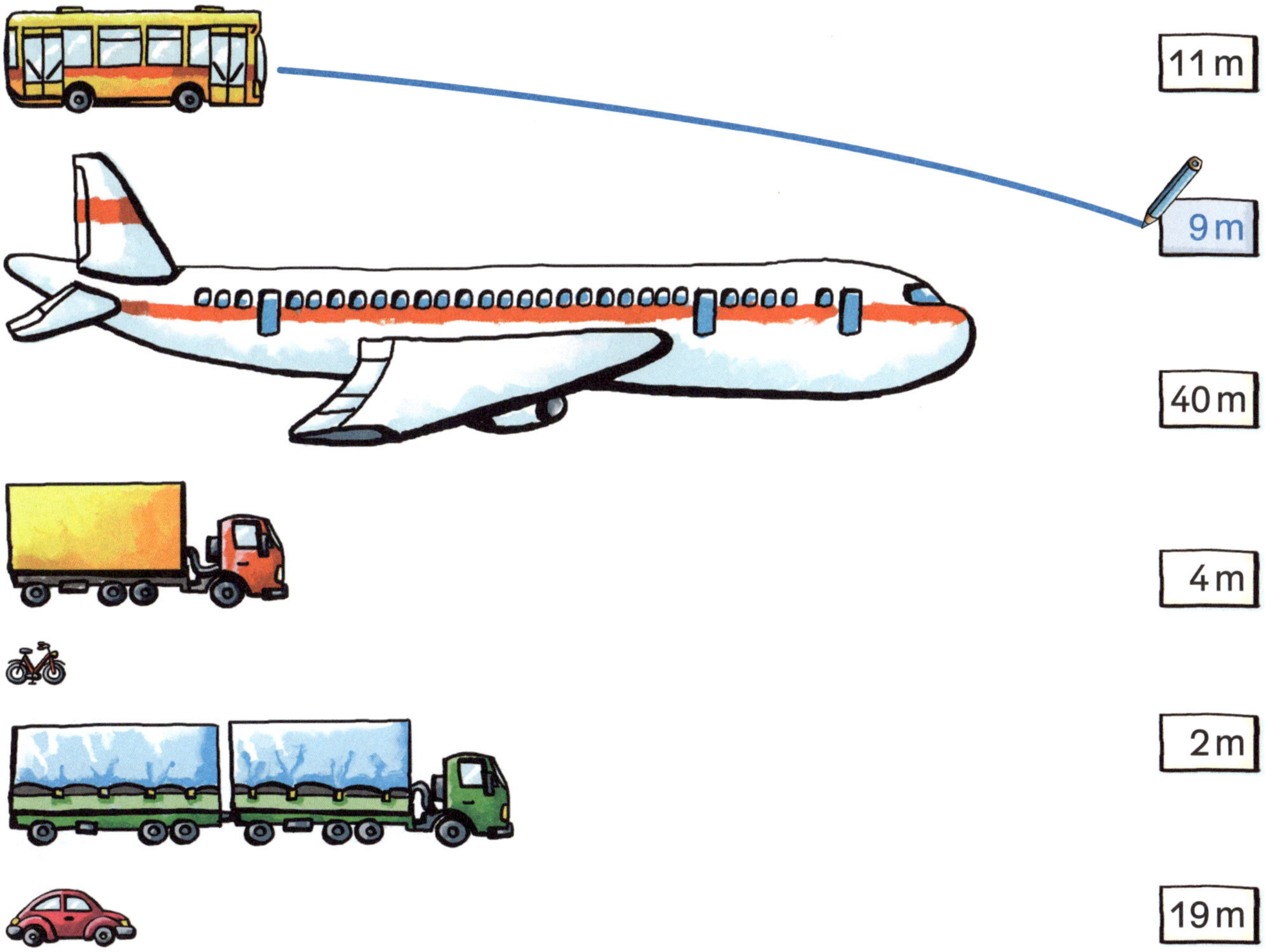

11 m

9 m

40 m

4 m

2 m

19 m

2 Zeichne die Pfeile passend ein.

a) ist länger als →

b) ist kürzer als →

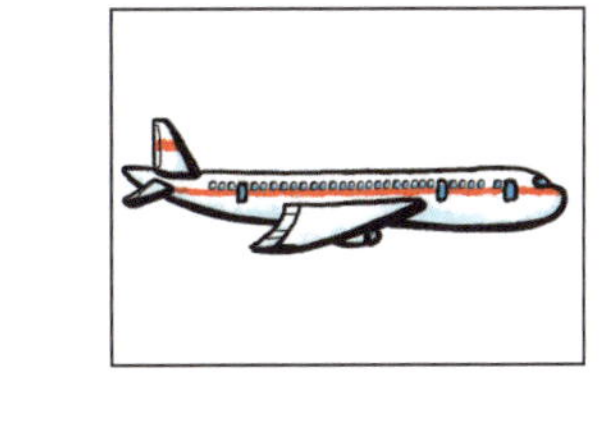

Schülerzahlen im Balken- und im Säulendiagramm darstellen

1 In der Sonnen-Schule gibt es zwei erste und zwei zweite Klassen. Für die Klassen 1a und 1b ist die Schülerzahl in einem Balkendiagramm dargestellt.

Klasse	Schülerzahl
1a	22
1b	20
2a	22
2b	23

a) Ergänze das Balkendiagramm für die beiden zweiten Klassen. Zeichne für jedes Kind ein X.

1a	X X X X X X X X X X X X X X X X X X X X X X
1b	X X X X X X X X X X X X X X X X X X X X
2a	X
2b	

b) Ergänze die Aussagen.

In der Klasse 1a sind ____ Kinder. In der Klasse 2a sind ____ Kinder.

Die meisten Kinder sind in der Klasse ____ .

Die wenigsten Kinder sind in der Klasse ____ .

2 Für die Klassen 1a und 1b ist die Anzahl der Jungen und Mädchen in einem Säulendiagramm dargestellt.

Klasse	Mädchen	Jungen
1a	11	11
1b	12	8
2a	10	12
2b	12	11

a) Ergänze das Säulendiagramm für die Klassen 2a und 2b.

	M	J	M	J	M	J	M	J
12			X					
11	X	X	X					
10	X	X	X					
9	X	X	X					
8	X	X	X	X				
7	X	X	X	X				
6	X	X	X	X				
5	X	X	X	X				
4	X	X	X	X				
3	X	X	X	X				
2	X	X	X	X				
1	X	X	X	X	X			
	1a		1b		2a		2b	

b) Ergänze die Aussagen.

In der Klasse ____ sind die wenigsten Jungen.

In der Klasse ____ sind die meisten Jungen.

In den Klassen ____ und ____ sind gleich viele Mädchen.

In der Klasse ____ sind genauso viele Mädchen wie Jungen.

Alle Möglichkeiten finden und notieren – Anziehen

1 Finde alle Möglichkeiten, wie sich Patrick mit seinen Lieblingssachen anziehen kann.

a) Zeichne alle Möglichkeiten.

b) Trage alle Möglichkeiten in der Tabelle ein.

	×			

c) Finde eine passende Rechnung und bestimme die Anzahl der Möglichkeiten.

R: __________

Patrick hat ☐ Möglichkeiten.

d) Patrick möchte immer zwei verschiedene Farben tragen. Bestimme, wie viele Möglichkeiten er dann hat. Die Tabelle hilft dir.

Patrick hat __________

Wahrscheinlichkeiten und Situationen zuordnen

1 Lea nimmt mit verbundenen Augen 3 Plättchen.

a) Male, welche Farben die Plättchen haben können.

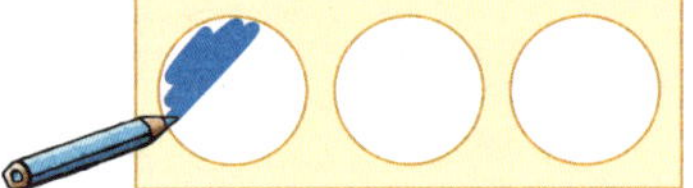 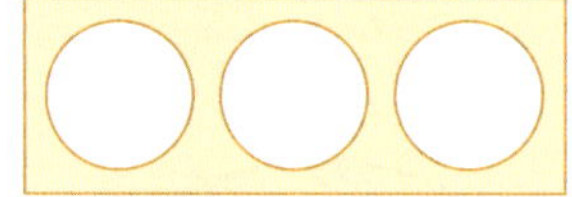 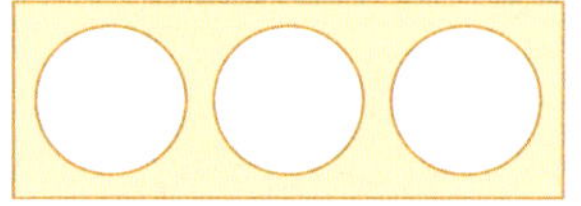

b) Kreuze an.

	sicher	möglich	unmöglich
Ein Plättchen ist rot, zwei sind blau.		X	
Alle drei Plättchen sind rot.			
Ein Plättchen ist blau, zwei sind rot.			
Alle drei Plättchen sind blau.			
Mindestens ein Plättchen ist rot.			

2 Es sind 5 Plättchen. Lea nimmt immer ein Plättchen.
Male rote und blaue Plättchen, so dass die Aussagen stimmen.

a) Es ist sicher, dass Lea ein rotes Plättchen bekommt.

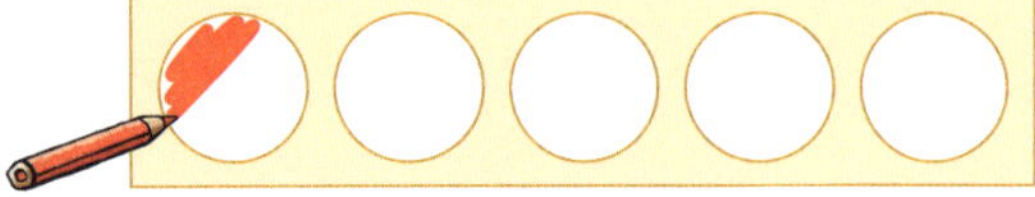

b) Es ist möglich, dass Lea ein rotes Plättchen bekommt.

c) Es ist sicher, dass Lea ein blaues Plättchen bekommt.

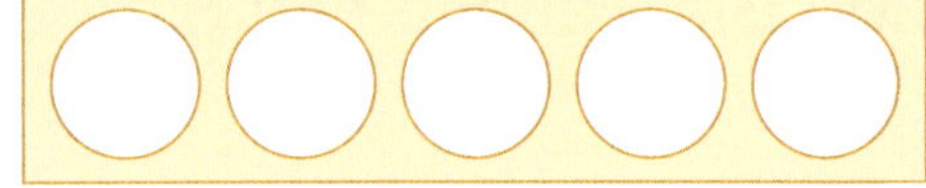

d) Es ist unmöglich, dass Lea ein blaues Plättchen bekommt.

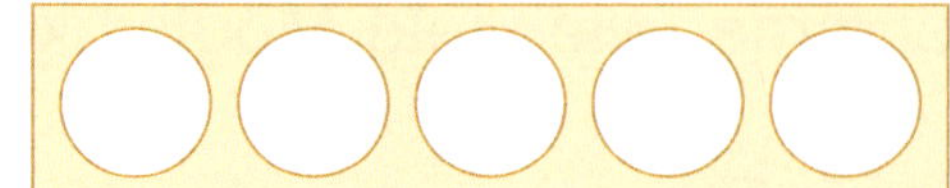